D1244154

INVENTARIO DOS

Diseño de tapa: María L. de Chimondeguy / Isabel Rodrigué

MARIO BENEDETTI

INVENTARIO DOS

Poesía completa 1986-1991

EDITORIAL SUDAMERICANA
BUENOS AIRES

SEGUNDA EDICIÓN POCKET
Enero de 2001

IMPRESO EN ESPAÑA

*Queda hecho el depósito
que previene la ley 11.723.*
© 2000, Editorial Sudamericana S.A.®
Humberto Iº 531, Buenos Aires.

www.edsudamericana.com.ar

ISBN 950-07-1819-7

© 1994, Mario Benedetti

NOTA

Integran esta edición de *Inventario Dos* todos los poemas que he publicado en libro entre 1986 y 1991: *Preguntas al azar* (1986), *Yesterday y mañana* (1987), *Despistes y franquezas* (1989) y *Las soledades de Babel* (1991).

Este volumen es la continuación o complemento del primer tomo de *Inventario* (Poesía 1950-1985*)* que consta de los siguientes títulos: *Sólo mientras tanto* (1950), *Poemas de la oficina* (1956), *Poemas del hoyporhoy* (1961), *Noción de patria* (1963), *Próximo prójimo* (1965), *Contra los puentes levadizos* (1966), *A ras de sueño* (1967), *Quemar las naves* (1969), *Letras de emergencia* (1973), *Poemas de otros* (1974), *La casa y el ladrillo* (1977), *Cotidianas* (1979), *Viento del exilio* (1981) y *Geografías* (1984).

En ambos volúmenes, algunos poemas que posteriormente fueron transformados en canciones figuran en sus dos textos –poema y canción–, cada uno de ellos incluido en el lugar y la época correspondientes.

Al igual que en las anteriores ediciones, cada volumen se abre con la producción más reciente y concluye con la más antigua, quizá con la secreta esperanza de que el lector, al tener acceso a esta obra por la puerta más nueva y más cercana, se vea luego tentado a ir abriendo otras puertas, a "beneficio de inventario".

M.B.

Madrid, noviembre de 1993

LAS SOLEDADES DE BABEL

1991

a luz
mi mengana particular

AQUÍ LEJOS

"Wohl einem jeden, der seine Orte der Dauer hat"
(Feliz aquel que tiene sus lugares de duración).

PETER HANDKE

AQUÍ LEJOS

He sido en tantas tierras extranjero

digamos que recorrí los bulevares
como si fueran el desierto de atacama
o me abracé más náufrago que nunca
a mi tablón de cielitos y gardeles

pese a todo no dejé de cavilar
en mi español de alivio
aunque me rodearan lisboetas o bávaros
ucranianos o tesalonicenses

y así fui construyendo la pasarela
de mi regreso terminal

he sido en tantas tierras extranjero
y ahora que por fin estoy aquí
hay nubes entre el sol y los presagios

no es que el futuro se arrodille
en el umbral del abandono
ni que la atávica miseria fije
su mirada oprimente
en los ventanales del poder

no es que los jóvenes renuncien
a exorcizar de veras a la muerte
con sus vaivenes en tierra firme

por lo pronto nadie ha conseguido
expulsarlos de su burbuja acorazada

¿y entonces qué?

¿por qué me siento un poco extraño
y/o extranjero (en francés son sinónimos)
en este espacio que es mío/nuestro?

¿por qué las mezquindades
las jactancias de zócalo
parecen dichas en otra lengua
que no es gaélico ni flamenco
ni búlgaro ni euskera
pero tampoco es totalmente mía?

¿por qué la solidaridad es apenitas
la película sordomuda que no encuentro
en los catálogos de los videoclubes?

después de todo
¿qué pasó con la confianza?

¿les echaremos por fin toda la culpa
a los milicos?
(bastante tienen con la que ya tienen)
¿o tal vez los milicos descubrieron
dónde estaba nuestro mezquino taloncito
e insolidario aquiles?

naturalmente hay dos países
y cada uno tiene sus provincias

sabemos que aquí anidan
la memoria ilegal la indestructible
el saldo flaco de lo solidario
cruces peladas y sin flores
migajas de una que otra pesadilla
labios de cautivante primavera
que por cierto no estarán esperándonos
en las calaveras del invierno

húmedas tristezas con final feliz
ganas de crecer en medio del rebato
pájaros que vuelan infalibles
sobre los borradores de la dicha
muestrario de cadáveres amados
fe que le nace a uno de las tripas
crepúsculos más acá del corazón
y sobre todo borrachera de utopías
esas que según dicen ya murieron

si me tomás el pulso
si te lo tomo yo
verás/veré que hay menos osadías
por minuto y por sueño

sé que aquí habitan los enteros
y su entereza no es de las que encogen
a la segunda lluvia
o a la primera sangre
pero se trata de una entereza animal
de bicho duro que pasó por el fuego
por el miedo por el rencor por el castigo
por la frontera del desencanto
y quedó chamuscado memorioso
convaleciente desvalido

vaya a saber por qué
la sintaxis de los muros ha cambiado
cada solo reprocha todo a todos
el odio solitario es un pabilo
¿de qué sirve un pabilo en la espesura de la bruma?

una tapia individual no es la paz ni la guerra
tan sólo es una tapia individual

como bien dijo juan / en el exilio
tu país es este cuarto lleno de tu país

pero ahora juan qué nos ha ocurrido
mi país ¿un país vacío de mi país?

vino el buitre a traernos el miedo
el murciélago a llevarnos la noche
vino el tero a dejar sus alarmas

en tantas tierras he sido extranjero
me consta que no debo serlo aquí

alguien podría traducir mis desahucios
mis consternaciones mis destierros en cruz

alguien podría misteriar mi evidencia
que es como decir ponerla al día
para que el eco sepa
por fin de qué está hablando

no estaría mal que alguien transmitiera
a los tímpanos de mi infancia
los engaños de hogaño
y de paso

las campanadas del delirio corriente
el monólogo sereno de los grillos

intuyo que dentro del país que desconozco
está el otro que siempre conocí

más de una vez he creído advertirlo
en ciertos guiños infinitesimales
en la solera de una vanagloria
en el reproche de un cansancio
en el garabato de un niño que no sabe
quién es quién ni qué es qué
pero no importa

hay un país que guardó sus letargos
sus aleluyas y sus medias tintas
lo guardó todo bajo siete cautelas
y se resiste a revelarlo

sin embargo puedo allí guarecerme
y no es un frágil
cobertizo

hay un país que respira
en silencio o en vano
pero al menos respira
atrincherado en su altivez de ser
o en sus recelos de no ser
replegado en su memoria indefensa
sabiendo que de poco le sirve recordar
y sin embargo recordando
consciente o inconsciente
de que ahí están las claves

cercado por el olvido y los agüeros
al menos tiene un espacio en recompensa

sus tenues faros iluminan
a duras penas el remanso de lo ido
y hacen inventario de quimeras y pánicos
de bienaventuranzas y agonías

se trata de un país
que supo y sabe amar sin atenuantes
y también odiar como dios manda

abrevadero embalse mito
cripta de penurias almacenadas
en las cuatro estaciones
y a los cuatro vientos

21

con soledad no ofendo ni temo
y no obstante temes y te temen
ofendes y te ofenden
ocurre que la soledad no es un seguro
ni menos un sagrado

soledad no es libertad
(ya es hora de aceptarlo)
sino pálida añoranza del otro
o de la otra
del borde de la infancia
de dos o tres misiones incumplidas

con la palabra enlazo signos
identidades de mi país secreto
y mi país secreto se levanta

y cuando al fin me roza con sus sílabas
entonces yo lo asumo con mi voz cascada

sabe que me hacen falta sus señales
vacantes y bacantes de su fronda
las ellas y querellas de su vino
sus méritos de estambre
sus vellones

sabe el país secreto
vale decir mi patria sigilosa
que su belleza su consolación sus apetitos
aprendieron en la derrota el derrotero

y sabe que sus sábanas
blanquísimas de llanto
o abrasadas de semen
acumulan y acunan inocencias
y dirimen sus bregas con el mundo

no todos los relojes
concuerdan con mi hora
siempre hay corazones que adelantan
suspicacias que atrasan

pero voy descubriendo
otros destierros de otros
que empiezan o concluyen
destierros que se fueron allá cerca
y vuelven aquí lejos

aquí lejos está
nunca se ha ido el país secreto

el hervidero de latidos
los tugurios del grito
las manos desiguales pero asidas
la memoria del pan
los arrecifes del amor
el país secreto y prójimo

algún día aquí lejos
se llamará aquí cerca

y entonces el país
este país secreto
será un secreto a voces

Montevideo, 1989.

23

OTHERNESS

Siempre me aconsejaron que escribiera distinto
que no sintiera emoción sino *pathos*
que mi cristal no fuera transparente
sino prolijamente esmerilado
y sobre todo que si hablaba del mar
no nombrara la sal

siempre me aconsejaron que fuera otro
y hasta me sugirieron que tenía
notorias cualidades para serlo
por eso mi futuro estaba en la otredad

el único problema ha sido siempre
mi tozudez congénita
neciamente no quería ser otro
por lo tanto continué siendo el mismo

otrosí digo / me enseñaron
después que la verdad
era más bien tediosa
el amor / cursi y combustible
la decencia / bastarda y obsoleta

siempre me instaron a que fuera otro
pero mi terquedad es infinita

creo además que si algún día
me propusiera ser asiduamente otro
se notaría tanto la impostura
que podría morir de falso crup
o falsa alarma u otras falsías

es posible asimismo que esos buenos propósitos
sean sólo larvadas formas del desamor
ya que exigir a otro que sea otro
en verdad es negarle su otredad más genuina
como es la ilusión de sentirse uno mismo

siempre me aconsejaron que escribiera distinto
pero he decidido desalentar / humilde
y cautelosamente a mis mentores

en consecuencia seguiré escribiendo
igual a mí o sea
de un modo obvio irónico terrestre
rutinario tristón desangelado
(por otros adjetivos se ruega consultar
críticas de los últimos treinta años)
y eso tal vez ocurra porque no sé ser otro
que ese otro que soy para los otros

DE OLVIDO SIEMPRE GRIS

no ves que vengo de un país
que está de olvido siempre gris

CÁTULO CASTILLO

Los cautos vencedores
no morirán de contrición precoz
a medianoche marcan y celebran
el palmo conquistado a la memoria
y los ex centinelas
vigilan como siempre el horizonte
donde apenas transcurren
barquitos y delfines

¿dónde empezó la trampa?
¿en los adioses? ¿en las bienvenidas?
en la feria se venden los perdones
son de segunda mano y tan usados
que se les ve la sangre en las hilachas

los cautos vencedores
cumplen su vida familiar sin ruido
aunque en la esquina vibren
los calambres del viento

y sin embargo en el desván de alarmas
están aún las claves de los cuerpos
y otros juguetes rotos

en tanto los vencidos
emergen de su canon de rencores

26

hilvanan ritos como perlas
inauguran orfeones de silencio
y empiezan a cavar criptas de fango
donde salvar la última y precaria
felicidad posible

pero allá arriba otros olvidan
ásperamente olvidan el olor de la muerte
y confían / a quien quiera escucharles
que las culpas ya pasaron de moda

el olvido es piadoso
y también nauseabundo
por eso en los vulgares
despeñaderos de la historia patria
siempre hay algún barranco clandestino
donde los vencedores
vomitan sus olvidos

MULATO

En la cervecería alemana que tiene un andaluz
en puerto pollensa (mallorca / baleares)
hay un pajarito que canta como los dioses
o al menos como dicen que cantaban los dioses
antes del fin de las ideologías

lo llaman mulato
porque es cruza de canario y jilguera
o jilguero y canaria
vaya uno a saber

lo cierto es que su trino
es azul rojo verde amarillo celeste blanco
su trino es un compendio de energías y colores
de orgullos de pájaro y soledades de jaula

también a nosotros
los exilios nos hicieron mulatos
somos cruza de estocolmo y buenos aires
montevideo y madrid
parís y valparaíso
pernambuco y berlín

no tenemos trino pero si lo tuviéramos
sería azul rojo verde amarillo celeste blanco
compendio de energías y colores
de orgullos de emigrante y soledades de jaula

ya que como es obvio estamos presos
de una doble y mulata nostalgia
nos movemos en un pasadizo o túnel o angostura
donde añoramos lo que espera adelante
y luego añoraremos lo que quedó atrás
y quisiéramos llorar como los dioses
o al menos como dicen que lloraban los dioses
antes del fin de las ideologías

RECONCILIACIONES

Puedo reconciliarme
con la luna tediosa y congelada
con la puerilidad de los profetas
con el viejo sudario del crepúsculo

puedo reconciliarme
con el milagro de las pesadillas
con el recodo triste del invierno
con la cursilería del laúd

pero nunca podré reconciliarme
con los buhoneros de la muerte
los cascabeles del olvido
los sicofantes de mi pánico

nunca podré reconciliarme
con los depredadores de mi gente
el aguinaldo de los delatores
la desmemoria de los fusileros

NO TODOS LOS ESPÍAS SON MALÉVOLOS

No todos los espías son malévolos
no todos buscan tercamente
entrar a saco en nuestras vidas

los hay también benévolos leales
cuyas miradas nos protegen
contempladores cálidos / cercanos
que nos rescatan / como por milagro
de la claudicación
o el desfallecimiento

espías de bondad
cenital
trasvisible
que a veces sufren mutaciones
y son árbol o grillo o banderola
canto rodado o mástil
mariposa o gladiolo
ciclón o enredadera

y así
desde todos los puertos
y las puertas
desde todos los brazos
y las brasas
serenos nos vigilan
y no nos dejan traicionar
ni traicionarnos

espías entrañables
naturales
pacientes
angelitos caídos
de la gracia de dios
benditos de mandinga
hermanos nuestros

PERO VENGO

En dondequiera que se viva, comoquiera
que se viva, siempre se es un exiliado

ÁLVARO MUTIS

Más de una vez me siento expulsado
y con ganas
de volver al exilio que me expulsa
y entonces me parece
que ya no pertenezco
a ningún sitio
a nadie

¿será un indicio de que nunca más
podré no ser un exiliado?
¿que aquí o allá o en cualquier parte
siempre habrá alguien
que vigile y piense
éste a qué viene?

y vengo sin embargo
tal vez a compartir cansancio y vértigo
desamparo y querencia
también a recibir mi cuota de rencores
mi reflexiva comisión de amor

en verdad a qué vengo
no lo sé con certeza
pero vengo

SOBRA OLVIDO

De nuevo enero corta el tiempo
recién parido el año / alucinado
el dolor se despinta / se desfecha
sigue habiendo invasiones desmadres felonías
los cementerios quedan en abril
si nos invitan a volar volamos

vino otro enero / aquí estamos / cenizos
sin gusto a sal / sin nombres
la gaviota planea a su aire en el aire
los gallos no madrugan / para qué
los sentimientos van descalzos
menguantes como siempre
entenados del sur

alguien pregunta o balbucea
los cementerios ¿quedan en abril?

los mezquinos delatan patrocinan
el cetro de los necios está en vilo
en todas partes sobran pueblos

los presidentes se reúnen
no han decidido aún
qué hacer con los sobrantes

¿quién va a acordarse ahora
precisamente ahora en pleno enero
de baudelaire y roque dalton?

sigue habiendo invasiones desmadres felonías
los mezquinos mezquinan a destajo
después de todo ¿quién vindica el recuerdo?
los cementerios ¿quedan? ¿quedaban en abril?
los sigilosos muertos ¿acaso se desfechan?

en todas partes sobra olvido

16 DE ENERO DE 1991

Calmo ante el mar ensimismado
solo ante un infinito
que es cada vez más breve
dice el sobremuriente en la escollera
tengo derecho a mi desánimo
tengo derecho al miedo

el mundo rueda incandescente
y el hombre / esa parábola de fuego
aúlla sin saber que está muriendo

allá lejos / es decir aquí al lado
los penúltimos cubren el desierto
el espejismo es de un metal infame
los camellos apartan sus ojos de la arena
para seguir soñando en otro oasis

el aire es de veneno
el verde es clandestino
ya no hacemos ni sombra en la ceniza

calmo ante el mar ensimismado
solo ante un infinito
que es cada vez más breve
dice el sobremuriente en la escollera
tengo derecho a mi desánimo
tengo derecho al miedo

OVILLOS

Mientras devano la memoria
forma un ovillo la nostalgia

si la nostalgia desovillo
se irá ovillando la esperanza

siempre es el mismo hilo

SOMOS LA CATÁSTROFE

Dice octavio que en latinoamérica
los intelectuales somos la catástrofe
entre otras cosas porque defendemos
las revoluciones que a él no le gustan

somos la catástrofe asimismo
porque hemos sido derrotados
pero ¿no es raro que octavio ignore
que la verdad no siempre está
del lado de los victoriosos?

de cualquier manera
ya que con la derrota aprendimos la vida
exprimamos la memoria como un limón
quedémonos sin ángeles ni demonios
solos como la luna en el crepúsculo

desde paco pizarro y hernán cortés
hasta los ávidos de hogaño
nos han acostumbrado a la derrota
pero de la flaqueza habrá que sacar fuerzas
a fin de no humillarnos / no humillarnos
más de lo que permite el evangelio
que ya es bastante

para bien o para mal no es imposible
que los veteranos del naufragio
sobrevivamos como tantas veces
y como tantas veces empecemos
desde cero o desde menos cuatro

es casi una rutina

los derrotados mantenemos la victoria
como utopía más o menos practicable
pero una victoria que no pierda el turno
de la huesuda escuálida conciencia

los vencidos concebimos el milagro
como quimera de ocasión
pero siempre y cuando sea un milagro
que no nos cubra de vergüenza histórica
o simplemente de vergüenza

SOMBRAS NADA MÁS O CÓMO
DEFINIRÍA USTED LA POESÍA

A josé emilio pacheco

La verdad es que nunca
se me había ocurrido definirla

si usted en cambio preguntara
qué no es poesía entonces sí
podría imaginar como tiros el aire
quince o veinte respuestas

por ejemplo es probable
que no hallaran cabida en el registro
ni el espectro de la pena de muerte
ni el dedo admonitorio de wojtyla
ni los eróstratos de la amazonia
ni los bomberos del rencor en llamas
ni los defoliadores de utopías
ni las pinacotecas de gángsters y banqueros
ni los mezquinos prescindentes
ni muchísimo menos los vice prescindentes

pero no estoy seguro

la poesía tiene
como dios

o como dicen que usa dios
sendas inescrutables e infinitas
y algunas de ellas
poco transitadas

líbreme dios o sálveme mandinga
de decir esto no es poesía

cuando con tinta roja definió josé emilio
la poesía como sombra de la memoria
maravillosamente dio en la tecla
pero eso no descarta concebirla
también como memoria de la sombra

pasa el amor y deja sombra
el odio pasa y deja sombra
pasan la madrugada y la canícula
y dejan un sabor ácido a sombra
en los andamios y en el césped
en los lacónicos y hablantes
en las errantes bóvedas del mar

y con la clave de los cuerpos
y las complicidades de la luna
la sombra asombra a los olivos
a las glorietas a los campanarios
a las antenas parabólicas

así / después de todo
con esas sombras que nos dejan
en la mirada y en los tímpanos
en el vacío del delirio
en las hipótesis del sexo
en la ceniza finalista

con la memoria de esas sombras
damos alcance
en ciertas ocasiones
excepcionales ocasiones
a la blindada frágil poesía
o quizá a la memoria de la sombra
de la poesía

BABEL

Y descendió Jehová para ver la ciudad y la torre que edificaban los hijos de los hombres.

Y dijo Jehová: He aquí el pueblo es uno, y todos éstos tienen un solo lenguaje; y han comenzado la obra, y nada les hará desistir ahora de lo que han pensado hacer.

Ahora, pues, descendamos, y confundamos allí su lengua, para que ninguno entienda el habla de su compañero.

Así los esparció Jehová desde allí sobre la faz de toda la tierra, y dejaron de edificar la ciudad.

Por esto fue llamado el nombre de ella Babel, porque allí confundió Jehová el lenguaje de toda la tierra, y desde allí los esparció sobre la faz de toda la tierra.

GÉNESIS, 11:5-9

Ninguém é igual a ninguém.
Todo ser humano é um estranho
impar.

CARLOS DRUMMOND DE ANDRADE

DESFILADERO

¿Será que el desdén vino para quedarse?

contritos como penitentes o monjes rezagados
los sentimientos entran en el desfiladero

ignoran la contraseña de los muchos
repiten el santo y seña de los solos

pero cada solo sólo sabe uno
igual que en las soledades de babel

LAS SOLEDADES DE BABEL

La soledad es nuestra propiedad más privada
viejo rito de fuegos malabares
en ella nos movemos e inventamos paredes
con espejos de los que siempre huimos

la soledad es tiempo / veloz o detenido /
reflexiones de noria / espirales de humo /
con amores *in vitro* / desamores *in pectore* /
y repaso metódico de la buena lujuria

la soledad es noche con los ojos abiertos
esbozo de futuro que escondió la memoria
desazones de héroe encerrado en su pánico
y un sentido de culpa / jubilado de olvido

es la tibia conciencia de cómo deberían
haber sido los cruces de la vida y la muerte
y también el rescate de los breves chispazos
nacidos del encuentro de la muerte y la vida

la soledad se sabe sola en mundo de solos
y se pregunta a veces por otras soledades
no como via crucis entre ánimo y ánima
más bien con interés entomológico

todavía hace un tiempo / en rigor no hace tanto
las soledades / solas / cada una en su hueco

hablaban una sola deshilachada lengua
que en los momentos claves les servía de puente

o también una mano una señal un beso
acercaban al solo la soledad contigua
y una red solidaria de solos conectaba
las geografías y las esperanzas

en el amor y el tango los solos se abrazaban
y como era de todos el idioma del mundo
podían compartir la tristeza y el goce
y hasta se convencían de que no estaban solos

pero algo ha cambiado / está cambiando
cada solo estrenó su nueva cueva
nuevo juego de llaves y candados
y de paso el dialecto de uno solo

ahora cuando bailan los solos y las solas
ya no se enlazan / guardan su distancia
en el amor se abrazan pero piensan
en otro abrazo / el de sus soledades

las soledades de babel ignoran
qué soledades rozan su costado
nunca sabrán de quién es el proyecto
de la torre de espanto que construyen

así / diseminados pero juntos
cercanos pero ajenos / solos codo con codo
cada uno en su burbuja / insolidarios
envejecen mezquinos como islotes

y aunque siga la torre cielo arriba
en busca de ese pobre dios de siempre
ellos se desmoronan sin saberlo
soledades abajo/ sueño abajo

LOS POBRES DE BABEL

(primera variante)

En realidad los pobres fueron los únicos
que se exiliaron de la torre
rápidamente comprendieron
(sólo les llevó veinticuatro siglos)
que aquello no era más que una chorrada

a qué apuntar al cielo
si allí (como es sabido)
no hay comida ni sexo
a qué alejarse de la tierra si ella
es cuna y urna funeraria

los pobres fueron los únicos
que en la torre crearon un sindicato
pero también es cierto que nunca pudieron
negociar con una patronal sin rostro
y tras 2400 años de no cobrar salarios
acordaron bajar sin previo aviso
a la calumniada tierra matria

por supuesto tuvieron buen cuidado en guardar
cada soledad en su mochila
y cuando hollaron por fin el suelo
de sus olvidados mayores

llevaron sus morriñas y melancolías
al mercado local de soledades /
allí procedieron al intercambio
y festejaron el trueque con vino rojo

en la ahora lejana e interminable torre
que aún asciende entre nieblas y plegarias
los esclavos del cielo / absortos en sí mismos
no tienen ojos para águilas ni cóndores

los celestes soberbios de antaño y hogaño
siguen comprometiendo piedra sobre piedra
como soborno para adquirir un solarcito
a la siniestra (la diestra está ocupada)
de dios padre

mientras tanto allá abajo
los bienaventurados pobres de babel
ven cómo una garza se fuga con su garzo
y entonces liberados por el vino
cada solo abrazado a su sola
se encaminan hacia el azar del mundo
eso sí con los pies sobre la tierra

tal es al menos lo que ha informado
el noticiero de la medianoche
y es asimismo lo que he puesto en un fax
a babel incorporated
para que aprendan

(segunda variante)

Perdón
es la pobreza
que ha invadido
las calles

las vidrieras
despliegan
paraísos
de otros

es cierto
algo
ha cambiado

los espejos
cesantes
y cada vez
más pálidos
devuelven
el futuro

en la babel
del hambre
a ras de suelo
cada pobreza
habla
otra vez
otra vez
una lengua
distinta

POBRECITO PROFETA

Fui un pobre profeta / diferente
de otros profetas de la cercanía
pero bregamos por la paz que ardía
en las venas del prójimo inocente

fui profeta sin dios / un disidente
de la otra visión / la que traía
mezquindades y duelo / oro y jauría
y cobraba la vida ojo por diente

nos quedamos de pronto sin presente
sin futuro sin fe sin osadía
como islotes en medio de la gente

y hoy armamos / soñando noche y día
contra el tiempo el olvido y la corriente /
otra dulce tajante profecía

EL HÍGADO DE DIOS

Excomulgado fue por defender
el hígado de Dios

RAQUEL DALTON

Dios padre / campechano
en el estilo de juan veintitrés
dijo / dejad que los excomulgados
vengan a mí / dejadlos

abortistas / herejes
adúlteros o gays
marxistas / sacerdotes casados
guerrilleros
venid a mí / libérrimos
vuestro es el reino
de los cielos míos

en cierto modo debo compensaros
por los vejámenes sin cuento
por los agravios con encíclica
que os vienen infligiendo
mis vicarios

desde la inquisición
me duele el hígado

venid excomulgados
hijos míos

QUE VENGA EL TRUJAMÁN

Dios se ha quedado
en una esquina en sombras

mandinga
agazapado bajo el sol

un hombre frágil quiere
dialogar

una pobre mujer
pretende que la escuchen

entonces dios le habla
a la mujer
en el idioma
de mandinga

mandinga
le habla al hombre
con el verbo
de dios

por dios que venga
el trujamán
por dios o por mandinga
que venga
el trujamán

LA IGNORANCIA DE CRISTO

A pesar de su tierna omnisciencia
hay dos cosas que cristo nunca llegó a saber
por qué su padre resolvió abandonarlo
y por qué tuvo que nacer precisamente
en el año cero de la era cristiana

EL INFINITO

L'éternité n'est guère plus longue que la vie

RENÉ CHAR

De un tiempo a esta parte
el infinito
se ha encogido
peligrosamente

quién iba a suponer
que segundo a segundo
cada migaja
de su pan sin límites
iba así a despeñarse
como canto rodado
en el abismo

TRÉBOLES

HOJAS

Entre las hojas verdes
tan modélicas
y las otras las muertas
tan cantadas
quedan las pobres hojas
que agonizan
esas que a nadie importan
ni conmueven

LAS CAMPANAS

En el futuro estamos
y se nos muere lentamente el día
sólo unos pocos tramos
nos quedan todavía
para amar con candor y alevosía

ágiles y en su hora
convocan o disuaden las campanas
y el tañido incorpora
confidencias lejanas
a mis razones tristes soberanas

el pasado es tan lento
que se aferra porfiado a su mutismo
¿por qué a veces me siento
culpable ante mí mismo
si me asomo al azar y es un abismo?

como nunca secretas
las campanas repican su consigna
y entre sombras inquietas
menesterosa y digna
una mujer oscura se persigna

¿dónde está el fuego? ¿dónde
germinará la vida derramada?
el sol brilla y se esconde
y tras la llamarada
las quimeras regresan a la nada

por fin uno se sabe
dueño del desamparo prometido
sin aldaba y sin llave
miserable y perdido
a tientas por la noche y el olvido

MUNDO

No vayas a creer lo que te cuentan del mundo
en realidad el mundo es incontable
en todo caso es provincia de ti

no vayas a creer lo que te cuentan del mundo
aun los que te aman mienten sobre él
probablemente sin saber que mienten

en la vigilia te sentirás lejano
testigo de tu mundo desde el mundo
sin nubes de tu aliento en los cristales

la humareda del hombre se elevará en la noche
y no sabrás de dónde viene el fuego
pero la expectativa te volverá humilde

en el mundo el abismo es un oficio
las preguntas en vano / una vieja costumbre
los desatinos / marca de abolengo

no vayas a creer lo que te cuentan del mundo
(ni siquiera esto que te estoy contando)
ya te dije que el mundo es incontable

EL MAR VIENE DEL MAR

El mar viene del mar
muere naciendo
simulacro de dios
baba del cielo

viene del mar el mar
mar de sí mismo
desierto sin memoria
y sin olvido

el mar se lleva el mar
pero en la noche
las resacas no vuelven
al horizonte

LLAVE OSCURA

La paloma que llega
del futuro y la duda
no me trajo perdones
sólo una llave oscura

¿será llave de éxito
o de urna?
¿llave maestra?
¿llave alumna?
¿llave de calabozo?
¿garfio? ¿ganzúa?

la llave del futuro
¿abre? ¿clausura?

la llave del futuro
y de la duda

TRISTE Nº 1

Por la memoria vagamos descalzos
seguimos el garabato de la lluvia
hasta la tristeza que es el hogar destino

la tristeza almacena los desastres del alma
o sea lo mejorcito de nosotros mismos
digamos esperanzas sacrificios amores

a la tristeza no hay quien la despoje
es transparente como un rayo de luna
fiel a determinadas alegrías

nacemos tristes y morimos tristes
pero en el entretiempo amamos cuerpos
cuya triste belleza es un milagro

vamos descalzos en peregrinación
triste tristeza llena eres de gracia
tu savia dulce nos acepta tristes

el garabato de la lluvia nos conduce
hasta el hogar destino que siempre has sido
tristeza enamorada y clandestina

y allí rodeada de tus frágiles dogmas
de tus lágrimas secas / de tu siglo de sueños
nos abrazas como anticipo del placer

NIEBLA

Cuando la niebla se levante
se hará presente la desolación

en la playa el delfín envenenado
los verdugos soleándose en los parques
los bosques incendiados por un loco
las ratas asumiendo la mañana

eso cuando la niebla se levante
pero entre tanto el catequista
ordena que gocemos de esta bruma

para inspirar confianza nos advierte
que detrás de ese aire esmerilado
dios en persona nos acecha

TRÉBOLES

Tréboles que nos quedan
aunque no tengan cuatro hojas
y se doblegan con la lluvia

fábulas que nos quedan
aferrémonos a las últimas
aunque la vida se nos borre

EL HABLA

Por el río del sueño
por la planicie de la ausencia
en clamor o en susurro
el habla / última thule
inalámbrica o queda
abracadabra o cierra ojos
póstuma o alumbrada
el habla / la volante
la cómplice de nadie
desovilla la vida sin perderse
deja su contraseña al vulnerable
nombra y azota
nombra y ama

genera espanto o lleva auxilio
corta el silencio en dos mitades
el habla en soledad
el habla nuestra
loca y nómada
hilo de voz para hilvanar el aire
desde madrás hasta quezaltenango
desde el éufrates hasta el yaguarón
desde pavese hasta vallejo
desde el albatros hasta la gaviota

por el río del sueño
por la planicie de la ausencia

el habla dice nubes
misereres
y en la boca entreabierta
pone últimas palabras

ella
la nuestra
la de nadie
habla nómada y loca
exorciza la muerte
y muere en ella
por fin callada
y sedentaria

ATLÁNTICO

Cada vez que atravieso el océano
sospecho que algo escampa en la distancia
cuando cruzo el crepúsculo sin pájaros
es como si de nuevo empezara a vivir
pero una vida otra / desprendida
de un pasado hasta ahora inexplicable

clemencias y lejanas efusiones
se asoman implacables desde el vellón de nubes
quizá para medir mis croquis de infinito
hay pobres remezones de una verdad a prueba
redobles que tiznaron el descanso
listones de esperanzas o de tedio

por eso cada vez que atravieso el océano
los oídos me aíslan / la memoria me zumba
brindan las azafatas su graduada sonrisa
y el piloto se encarga de mi alma
es como si muriera por un rato
pero una muerte nueva / en equilibrio

SOBREVIVIENTES

Cuando en un accidente
una explosión
un terremoto
un atentado
se salvan cuatro o cinco
creemos
          insensatos
que derrotamos a la muerte

pero la muerte nunca
se impacienta
seguramente porque
sabe mejor que nadie
que los sobrevivientes
también mueren

TRISTE Nº 2

Si la tristeza no fuera
un silencio que persiste
o si la mirada triste
del que espera y desespera

no empañara la quimera
donde todo y nada existe /
si en el cándido despiste
y en la vieja primavera

un candor desconocido
viejo y nuevo / oscuro y fuerte
no extrajera del olvido

cuatro hebras de alegría /
la tristeza de la muerte
pobre escándalo sería

GIORNATA

Empieza el día
por fin empieza el día
con el llanto sin gloria del que nace

el sueño tañe voces
las voces quitan niebla
bosteza el frío
empieza el día con agua
a nubes llenas

después vendrá el impulso
el nervio
y no habrá tiempo
de melancolías

después habrá cenizas
pero entre tanto hay fuego
existe la franquicia de vivir
nos conocemos los desconocidos
la enredadera de los ecos sube
el cielo no responde
el mar tampoco

entre hipos de dolor
relámpagos de goce
avanza el día

mas de pronto comienza
a descender
a respirar su ruina
a oscurecerse

el crepúsculo aprieta
la penúltima tuerca del adiós
los fantasmas se acercan como islas
el sol se oculta con miseria
el miedo sin belleza
la noche es un sudario

acaba el día
por fin acaba el día
con el llanto sin gloria del que muere

MORONDANGA

Como habitantes de un planeta ínfimo
templado por un sol de morondanga
no vamos a incurrir en el delirio
de creernos capataces del cielo

los millones de solos que nacemos
vivimos y morimos humillados
por el desdén de las galaxias
y desde el caracol de la soberbia
creamos dioses
semidioses
apóstatas
caciques
tendremos algún día que buscarnos
con la lupa del miedo
y al comprobar nuestra gastada
inevitable ausencia
optar por disolvernos sin pudor
en el vacío individual y cósmico

DISTANCIAS

Con todas las cautelas
voy tomando distancia
de mí
y me vislumbro
objeto
cosa
rudimento

desde el palquito
universal
mi bagatela
o mi insignificancia
aunque me son
ajenas
me provocan
una tristeza cósmica
una náusea infinita

entonces con urgencia
vuelvo a mí
para olvidar
mi pequeñez
y creerme algo
alguien

EMBARAZOSO PANEGÍRICO DE LA MUERTE

La periodista me preguntó
si yo creía en el más allá
y le dije que no
entonces me preguntó
si eso no me angustiaba
y le dije que sí

pero también es cierto
que a veces la vida
provoca más angustias
que la muerte

porque las vejaciones
o simplemente los caprichos
nos van colocando en compartimientos
estancos

nos separan los odios
las discriminaciones
las cuentas bancarias
el color de la piel
la afirmación o el rechazo
de dios

en cambio la muerte
no hace distingos
nos mete a todos en el mismo saco
ricos y pobres
súbditos y reyes
miserables y poderosos
indios y caras pálidas

ibéricos y sudacas
feligreses y agnósticos

reconozcamos que la muerte hace siempre
una justa distribución de la nada
sin plusvalías ni ofertas ni demandas
igualitaria y ecuánime
atiende a cada gusanito
según sus necesidades

neutra y equitativa
acoge con igual disposición y celo
a los cadáveres suntuosos de extrema derecha
que a los interfectos de extrema necesidad

la muerte es ecléctica pluralista social
distributiva insobornable

y lo seguirá siendo
a menos que a alguien
se le ocurra
privatizarla

TRISTE Nº 3

La tristeza es un don / cosecha al paso
contrición prometida en otro instante
o presagio de sombras y no obstante
no es penuria ni abismo ni fracaso

si la tristeza es don no es don escaso
cuando acude a la noche del amante
o se enfrenta a la muerte / interrogante
en la luz cenicienta del ocaso

puede ser más que un don / una proeza
el prólogo feraz de una osadía
o un dolor (soportable) de cabeza

si en el goce hasta el triste desconfía
en el escalafón de la tristeza
no hay tristeza mayor que la alegría

SATURACIONES Y TERAPIAS

SATURACIÓN

Dejaré esta rosa
en el abandono

el abandono está
lleno de rosas

WELTANSCHAUUNG

No
no podría

a mi visión
(cataratas / retina)
le queda grande
el cosmos

LA RED

Igual que la de becquer
el arpa de la araña
en un ángulo oscuro
espera o desespera

el aire de la siesta
mueve sin destruirla
la seda del cordaje

hay una breve escala
de silencios
                por fin
una mosca inocente
o quizá alucinada
sucumbe ante el hechizo
y paga con su vida
el haber profanado
el hermetismo
                de la sencillez

RENCOR MI VIEJO RENCOR

Cuando los japoneses adquirieron
el rockefeller center
ellos que tienen geishas y la sony
y samurais y teatro no
y kamikazes y kurosawa
y matsuo basho y panasonic
y aprenden flamenco por computadora
y pueden cantar tangos sin entender palabra

cuando los japoneses adquirieron
el rockefeller center
supe que por fin había empezado
la sutilísima la dulce
venganza de hiroshima

LO DICE FUKUYAMA

Lo dice fukuyama
la historia se acabó / ya no hay remedio
se consumió la llama
y ha empezado el asedio
de la vana esperanza por el tedio

hegel lo anunció antes
y lo predijo marx (cuando valía)
y hubo otros hierofantes
cada uno en su día
que auguraron el fin de la utopía

en tiempos de cordura
oficial / ordenada / preferente
no cabrá la aventura
ya que juiciosamente
no alentará quimeras el presente

hemos llegado al techo
de lo posible / ¿no hay otra salida?
la suma de lo hecho
¿colmará la medida
de aquello que esperamos de la vida?

la historia ¿habrá acabado?
¿será el fin de su paso vagabundo?

¿quedará aletargado
e inmóvil este mundo?
¿o será que empezó el tomo segundo?

EGEMONÍA

La potencia hegemónica
nos deja poco espacio
casi ningún futuro

no obstante
            todavía
nadie puede prohibirme
que le quite la H
y me la traiga a casa

(por lo menos es muda)

y la encierre en la jaula
con el loro
            y el loro
vocinglero la aturda

ADJETIVOS DESECHABLES

Los adjetivos que me sobran
van como siempre al cubo de desechos
más tarde llegarán
a la galaxia de los basurales

allí se encontrarán con un pueblo de cosas
cáscaras de naranja / de huevo / de discursos
mechones de peluca y huesitos de pollo
condones de prudentes sementales
promesas de almanaque / telegramas
de mal y bienvenidas / invitaciones rotas
nimios perforadores de la capa de ozono
boletas estrujadas con inquina
caspas uñas verrugas papilomas
fetos de mucamitas y señoras de pro
cucarachas resecas y sin deudos
paños higiénicos hollejos puchos
postales de un prehistórico año nuevo
mirko te quiero silvia
citaciones vencidas arrugadas
recibos de la luz / facturas de apagones
propuestas de asco siempre renovadas
un taco sin zapato y sin chapita
un decímetro / resto de algún metro amarillo
chau viejita esta noche no me esperes
un pescado podrido con bigotes de gato
un pie de inconsolable maniquí
un afiche político sin vergüenza y sin rostro

desde su infierno / desde la inmundicia
mis adjetivos sufren como verbos
no merecían semejante oprobio

juro no echarlos más a la basura
cuando me sobre alguno en buen estado
lo entregaré a las damas de la beneficencia

EL RUISEÑOR Y EL GALLO

Tienen una acendrada
vocación para el canto
pero hay una minucia
que a veces los separa

mientras que al ruiseñor
suele salirle un gallo
al gallo en cambio nunca
le sale un ruiseñor

EL RUISEÑOR Y LA CALANDRIA

El ruiseñor salmodia en alemán
la calandria / en lunfardo

en alemania
existen por ejemplo
un ruiseñor corriente que es el *nachtigall*
y otro grande y nocturno que es el *sprosser*

la calandria no ha sido traducida

tal vez por eso
el ruiseñor se nutre solamente de insectos
la calandria / de sueños

EL RUISEÑOR Y LA RUISEÑORA

El ruiseñor conoció a la ruiseñora
en un bar de alterne donde ella
cantaba noche a noche viejos tangos

él la llevó a su casa y le cantó de todo
desde *lieder* de schumann hasta arias de puccini
cantigas de alfonso el sabio con tonada propia
boleros de agustín lara
mambos de pérez prado
mañanitas
sevillanas
blues y *negro spirituals*

al cabo de cuatro horas y/o lustros
la ruiseñora dijo cállate
cállate de inmediato o me regreso al bar

era sin duda un ultimátum
y el ruiseñor calló
triste pero pragmático
el ruiseñor calló

SEÑALES DE HUMO

Yo tenía un proyecto /
antes que un diario íntimo
llevar un diario éxtimo

No quiero que esta nube
de domingo me espere
en el cielo del lunes

La duda siempre me alumbra
el problema es que no sé
dónde he dejado mi duda

En la tarde vacía
pasan los venerables
mitos a la deriva

Otoños de otra época
nos fascinaban porque
éramos primavera

Biografía del hombre /
sabemos desde cuándo
pero nunca hasta dónde

La muerte no se siente
venir / pensaba el témpano
y estaba derritiéndose

SEMBRÁNDOME DUDAS

Si uno pudiera repasar
año por año el culebrón
de la propia
desarrapada vida
si uno pudiera ver
asombro a asombro
sin titulares ni publicidad
los vericuetos y los goznes
de la conciencia veterana
¿lo grabaría en un *cassette*
o apagaría el televisor?

AVICULTURA

Yo soy el pájaro / dijo un pájaro
hasta que el gato lo cazó al vuelo
y lo exhibió como un trofeo

yo soy un pájaro / rectificó el pájaro
pero a esta altura la humildad
no le sirvió de nada

ZOO ILÓGICO

Una mona nupcial espulga tiernamente
al chimpancé que trama su próximo adulterio

cuatro hienas giocondas se sonríen
y las hormigas trepan sobre el oso hormiguero

al camello le pican las jorobas
sueña el lirón que está durmiendo

un águila imperial vuela y revuela
en la jaula gigante que es ahora su imperio

el áspid vive henchido de cleopatra
el cándido hipopótamo desplaza su universo

el león ya no ruge / carraspea
y abandona sus viejas glorias en el estiércol

el elefante añora el bazar de su fama
la cierva mira irónica las astas de su ciervo

la espléndida jirafa es un lugar común
a nadie le interesa la esbeltez de su cuello

los avestruces odian al vecino ñandú
ese pariente pobre / ese remedo

los pingüinos / conscientes de su alcurnia
son plenipotenciarios del invierno

en su laguna verde / silenciosa e inmóvil
cocodrilos circulan como balsas de cuero

los delfines se burlan de la vida y la muerte
pende en su ergástula el murciélago

y el *homo sapiens* / solo / entre tantas criaturas
finge creer que el mundo es apariencia y luego

a pesar de que sabe que hoy y mañana y siempre
lamerá sus barrotes como otro prisionero

ANTIQUITÄTEN

Dos lámparas gallé en perfecto estado
un mascarón de proa y un sextante
el samovar de un sobrino de chejov
un secreter del siglo dieciocho
la declaración universal de los derechos del hombre

SONETO (NO TAN) ARBITRARIO

Con ciudades y autores frecuentados

Venecia / Guanajuato / Maupassant /
Leningrado / Sousándrade / Berlín /
Cortázar / Bioy Casares / Medellín /
Lisboa / Sartre / Oslo / Valle Inclán /

Kafka / Managua / Faulkner / Paul Celan /
Italo Svevo / Quito / Bergamín /
Buenos Aires / La Habana / Graham Greene /
Copenhague / Quiroga / Thomas Mann /

Onetti / Siena / Shakespeare / Anatole
France / Saramago / Atenas / Heinrich Böll /
Cádiz / Martí / Gonzalo de Berceo /

París / Vallejo / Alberti / Santa Cruz
de Tenerife / Roma / Marcel Proust /
Pessoa / Baudelaire / Montevideo

TERAPIA

Para no sucumbir
ante la tentación
del precipicio
el mejor tratamiento
en el fornicio

CARACOL DE SUEÑO

CIUDAD SOLA

En esta noche ensimismada
carece la ciudad hasta de vértigo
la historia la rodea y nada más
no le tiende su mano ni la incita

la ciudad esta noche
se olvida de soñar
sus calles de abrazados retroceden
cada esquina defiende sus harapos

ciudad insomne / desnacida
sus estatuas le dan la espalda al mar
el silencio respira con el viento
el viento desespera las persianas

deshabitada y sin abismos
oculta tras los vidrios de neblina
la ciudad está sola con sus cándidos muros
perdida entre los ecos de sus lázaros

olvidada de todos / ya no es
cómplice innata de la madrugada
ni es un teclado de balcones
ni una escala de la melancolía

de vez en cuando dicen que se mueve
son balanceos momentáneos
que no descubren nada
nada nombran

papeles que desertan abrazan los faroles
la noche del metal cruje a sabiendas
no hay clamores ni risas

calles de ausencia y asco
convierten la ciudad en un vacío
cada puerta recibe su llamador de luna

no hay signos de agua / la ciudad reseca
se apronta a amanecer / de los zaguanes
llega olor a café y a pan tostado

después el primer hombre / el adán de esta hora
mide la realidad con ojos cenicientos
e irrumpe sin malicia en el asfalto

la noche se acabó / bosteza el día
la verdulera barre su vereda de hojas
los mansos viejos leen titulares del quiosco
la primera ambulancia pasa con voz gangosa
la luz pone el otoño allá arriba en los plátanos

del cabaret tardío sale un vapor espeso
dos o tres escolares se inauguran con lágrimas
el sol confirma todos los pronósticos
el rojo es rojo / el verde es verde

esta ciudad es otra o quiere serlo
pero igual está sola
pero igual está sola

HURGADORES

Esta noche y todas las noches
los hurgadores de basura
van recogiendo la cochambre seca

especialistas del detritus
descubren lo que va quedando
de nuestras vidas pálidas transidas

gracias a su desvelo profesional distinguen
el residuo inservible / de la aceptable ruina
la vergüenza ulcerada / de la basura en flor

en cambio no hay ni habrá hurgadores
que recolecten en la madrugada
culpas en que la vida se nos va
presagios derrotados en las manos sin líneas
huesitos de la última gaviota
el corazón quemado por el rayo
o lágrimas resecas de ojos fósiles

esa basura nadie la codicia
nunca ha sido rentable
no habrá más remedio que quedarnos con ella
pudriéndose
                    y pudriéndonos

TERCERA EDAD

Cuando después de muchas penas
conseguiste ser joven / los inclementes años
se instalan soberanos en tu espalda

cuando sabés por fin lo que deseabas
sos un experto acerca de tu infancia
y ya no adolecés de adolescencia
llega la taquicardia y como un gong
te sume en las arenas movedizas

la edad viene a la cama y nos desvela
un aire joven limpia los pulmones
pero la tos espanta las nostalgias
y nos dormimos pobres / desdichados

otras noches soñamos con ser otros
para tomar aliento simplemente
nos claveleamos en el aire
nos malvoneamos en el sol
besamos con los labios que tuvimos
y de pronto prontísimo
la vida usual con su galimatías
nos da las bofetadas de rigor

y sin embargo viejos
lo que se dice viejos

eso es sólo un rumor de los muchachos
por ahora la clave es seguir siendo jóvenes
hasta morir de viejos

TU FÁBULA Y MI FÁBULA

El silencio está inmóvil
y en el cristal de niebla
los dedos del invierno
dibujan iniciales

el silencio se mueve
y un cansancio arenoso
te pone en la frontera
de la melancolía

el silencio se abre
a imagen de los sueños
o del fulgor poniente
o de la breve infancia

el silencio se cierra
y al fin se quedan solas
tu fábula y mi fábula
sin amor ni rocío

VERBIGRACIA

La palabra / paloma insumisa /
bajo el ala del cuervo se esconde
y no obstante se eleva hasta donde
ni la sombra de dios se divisa /
la palabra / que el hombre improvisa /
y el silencio / su pálido siervo /
a lo lejos se pierden / el cuervo
queda solo / sin dios ni paloma /
y su vuelo de siglos asoma
verbigracia en la gracia del verbo

EUCARISTÍA

Una muchacha que se desnuda
sin testigos
para que sólo la miren
el espejo o el sol
en realidad no está desnuda

sólo lo estará cuando otros ojos simplemente la miren
la miren y consagren
su desnudez

SE VA SE VA EL VAPOR

El barco es una lástima en la noche
estela de resaca y baba gris
polifemo en harapos / sin adioses
porque tiene vergüenza de partir

ojalá se llevara los espantos
el odio / las neblinas / el desdén
los profetas de trombas y naufragios
el último rufián de buena fe

el barco es una sombra entre las sombras
las gaviotas lo sueñan al pasar
y un fantasma en el cuarto de derrota
se enamora de un punto cardinal

el barco es un almario de rumores
y pocas almas de repetición
tres o cuatro quimeras polizones
y el suave escrupulario de rigor

en la tiniebla el barco se hace humo
y su sirena afónica y senil
ronca apenas un pálido discurso
porque tiene vergüenza de partir

DESDE EL ALMA (VALS)

Hermano cuerpo estás cansado
desde el cerebro a la misericordia
del paladar al valle del deseo

cuando me dices / alma ayúdame
siento que me conmuevo hasta el agobio
que el mismísimo aire es vulnerable

hermano cuerpo has trabajado
a músculo y a estómago y a nervios
a riñones y a bronquios y a diafragma

cuando me dices / alma ayúdame
sé que estás condenado / eres materia
y la materia tiende a desfibrarse

hermano cuerpo te conozco
fui huésped y anfitrión de tus dolores
modesta rampa de tu sexo ávido

cuando me pides / alma ayúdame
siento que el frío me envilece
que se me van la magia y la dulzura

hermano cuerpo eres fugaz
coyuntural efímero instantáneo
tras un jadeo acabarás inmóvil

y yo que normalmente soy la vida
me quedaré abrazada a tus huesitos
incapaz de ser alma sin tus vísceras

SENTIMIENTOS

Ya sé que sentir a corazón abierto
es casi tan cursi como una golondrina
o un estudiante que se pega un tiro
porque lo aplazaron en matemáticas

en todo caso para los sentimientos
hay horarios relativamente cómodos
verbigracia de 11 pm a 2 am
cuando la luna queda en la cuneta
un incendio liquida los arbolitos secos
y a la derecha o a la izquierda otro cuerpo
se queja de un calambre o de un olvido

en el resto hay que apurarse y depurarse
no distraerse en flores ni en desolaciones
llegar con la lengua afuera pero llegar
sólo la muerte que nos madruga es impuntual

después hay que hacer números y numeritos
es decir méritos sin piedades ni prórrogas
y convertir al camello y el ojo de la aguja
en blasón evangélico del narcomundo

habrá que ser mezquino sin atenuantes
con decisión pero con escándalo
torpezas y ternuras ya no se llevan
los muros están grasientos de bullicio

116

estoy por patentar un heterónimo
para que una o dos veces por trimestre
haga llover sobre mis brasas
y de paso organice mis sentimientos
y los muestre

en silencio

por las dudas

ONOMÁSTICO

Hoy tu tiempo es real / nadie lo inventa
y aunque otros olviden tus festejos
las noches sin amor quedaron lejos
y lejos el pesar que desalienta

tu edad de otras edades se alimenta
no importa lo que digan los espejos
tus ojos todavía no están viejos
y miran / sin mirar / más de la cuenta

tu esperanza ya sabe su tamaño
y por eso no habrá quien la destruya
ya no te sentirás solo ni extraño

vida tuya tendrás y muerte tuya
ha pasado otro año / y otro año
le has ganado a tus sombras / aleluya

CUANDO ESTA VIRGEN ERA PROSTITUTA

Cuando esta virgen era prostituta
soñaba con casarse y zurcir calcetines
pero desde que quiso
ser simplemente virgen
y consiguió rutinas y marido
añora aquellas noches
lluviosas y sin clientes
en que tendida en el colchón de todos
soñaba con casarse y zurcir calcetines

¿POR QUÉ NO HAY MÁS VIAJES A LA LUNA?

Cuando el bueno de armstrong dio aquellos pasos
todos registramos cómo se movía
tosco / pesado / en un suelo blancuzco
¿o era de piedra pómez? ¿quién se acuerda?

durante un rato estuvo cavilando
y la escafandra o como se llamase
impedía que viéramos sus ojos
pero juraría que su mirada era
de pereza o abulia

algo debió explicar a su regreso
algo diferente al discurso de gloria
que le ordenaron pronunciar eufórico
entre medallas flores vítores y guirnaldas

algo debió decir en privado a sus jefes
algo importante inesperado

verbigracia / cuando estaba allá arriba
caminando como un *zoombie* en la luna
mi general mi coronel pensé en ustedes
y se me ocurrió no sé por qué
que debía matarlos con urgencia
uno a uno / dos a dos / etcétera

o verbigracia dos / cuando andaba allá / heroico
pisando las feísimas arrugas del satélite
imaginé que así debía ser la muerte
es decir el paisaje de la muerte

o verbigracia tres / cuando estaba en selene
paseando por la nada como un imbécil
sentí el asco infinito de la ausencia del hombre
y me dije qué mierda estoy haciendo aquí

algo así debe haber confesado a sus jefes
con su estrenada voz de *robot* disidente
y quizá por eso los dueños del poder
postergaron *sine die* los viajes a la luna

CALLE DE ABRAZADOS

Columnata de árboles
o nada / sombras sobre piedras
herméticos zaguanes
o nada / hojas en el viento

la llaman calle de abrazados
no exactamente porque las parejas
se refugien allí a falta de otros
espacios de amor gratis

la llaman calle de abrazados
porque en las noches de domingo
hay dos tan sólo dos
una mujer y un hombre
desentendidos misteriosos
que se citan allí como dos náufragos
y cada náufrago se abraza
al otro cuerpo salvavidas

la llaman calle de abrazados
como tributo a un solo abrazo desesperado recurrente
tan azorado y tan estrecho
como si fuese siempre el último

y esto a pesar de que en su isla
el hombre y la mujer ignoren
que ese destino en que se abrazan
se llama calle de abrazados

POSDATA SIN CARTA

En la carta que pude haberte escrito
y no he tenido espacio para hacerlo
no iba a ser tan probo
como vos reclamabas

mi plan era explicarte mis razones
aunque me consta que mis sinrazones
eran muchos más diáfanas

por otra parte no eran pertinentes
las citas eruditas
con que iba a desvelarte

nada de *animula vagula blandula*
en *vez* de *ten cuidado mariposa*
nada del *mehr licht* goetheano
en vez del luz *más luz dijo varela*
nada de *honni soit qui mal y pense*
en vez del *alma otaria que hay en mí*

a lo mejor la carta va mañana
por ahora te mando esta posdata

vale

CARACOL DE SUEÑO

Cerrame el ventanal
que quema el sol
su lento caracol de sueño

CÁTULO CASTILLO

No digo siempre pero en general
tengo cierta destreza para soñar mis noches
anduve por las calles / de la mano
de anouk y valentina

ellas me preguntaron por qué el mundo
y luego de unos puntos suspensivos
por qué el mísero mundo se despeñaba así
por qué el buen amor estaba enfermo
por qué las andanadas y los gritos
acribillan el cristal del otoño
y los amigos andan taciturnos
y enterramos a brahms y a bessie smith
por qué las mariposas son de acero
por qué los nomeolvides nos olvidan

doy vuelta la cabeza sin despertar los ojos
y recorro otras calles / de la mano
de audrey y maj-britt

y ellas me preguntan por qué el cielo
y luego de unos puntos suspensivos
por qué el bendito cielo es tan hostil
y el mar es un rencor viejo y obsceno
orgulloso de todos sus naufragios

por qué el viento del norte sigue tan carrasposo
o la nueva ternura es de almidón
y por qué / finalmente / la memoria
está sin puentes sin paisaje
sin tacto sin miradas

ah maj-britt audrey valentina anouk
si pudiera saberlo/ si supiera

despierto poco a poco y me hago espacio
en la rutina real / la malcriada
que no tiene propuestas ni respuestas

entonces cierro ventanal y ojos
y me duermo a encontrarlas / a mis cuatro
ah maj-britt audrey valentina anouk
en tanto el viejo sol el implacable
decide no quemar por esta vez el suyo
sino mi lento caracol de sueño

PRAXIS
DEL FULANO

MARAVILLA

Vamos mengana a usar la maravilla
esa vislumbre que no tiene dueño
afilá tu delirio / armá tu sueño
en tanto yo te espero en la otra orilla

si somos lo mejor de los peores
gastemos nuestro poco de albedrío
recuperá tu cuerpo / hacelo mío
que yo lo aceptaré de mil amores

y ya que estamos todos en capilla
y dondequiera el mundo se equivoca
aprendamos la vida boca a boca
y usemos de una vez la maravilla

HABLO DE TU SOLEDAD

Hablo de tu infinita soledad
dijo el fulano
quisiera entrar a saco en tu memoria
apoderarme de ella
desmantelarla desmentirla
despojarla de su último reducto

tu soledad me abruma / me alucina
dijo el fulano con dulzura
quisiera que en las noches me añorara
que me echara de menos
me recibiera a solas

pero sucede que /
dijo calmosamente la mengana /
si tu bendita soledad
se funde con la mía
ya no sabré si soy en vos
o vos terminás siéndome

¿cuál de las dos será
después de todo
mi soledad legítima?

miráronse a los ojos
como si perdonaran
perdonándose

adiós
dijo el fulano

y la mengana
adiós

EPIGRAMA CON MURO

Entre tú y yo / mengana mía / se levantaba
un muro de berlín hecho de horas desiertas
añoranzas fugaces

tú no podías verme porque montaban guardia
los rencores ajenos
yo no podía verte porque me encandilaba
el sol de tus augurios

y no obstante solía preguntarme
cómo serías en tu espera
si abrirías por ejemplo los brazos
para abrazar mi ausencia

pero el muro cayó
se fue cayendo
nadie supo qué hacer con los malentendidos
hubo quien los juntó como reliquias

y de pronto una tarde
te vi emerger por un hueco de niebla
y pasar a mi lado sin llamarme
ni tocarme ni verme
y correr al encuentro de otro rostro
rebosante de calma cotidiana

otro rostro que tal vez ignoraba
que entre tú y yo existía
había existido
un muro de berlín que al separarnos
desesperadamente nos juntaba
ese muro que ahora es sólo escombros
más escombros
y olvido

VARIACIONES SOBRE UN TEMA DE HERÁCLITO

No sólo el río es irrepetible

tampoco se repiten
la lluvia el fuego el viento
las dunas el crepúsculo

no sólo el río
sugirió el fulano

por lo tanto
nadie puede
mengana
contemplarse dos veces
en tus ojos

SONETO *KITSCH* A UNA MENGANA

Yo / fulano de mí / llevo conmigo
tu rostro en cada suerte de mi historia
tu cuerpo de mengana es una gloria
y por eso al soñar sueño contigo

luego / si el sueño acaba te persigo
soñándote despierto / es una noria
que rodea tu eco en mi memoria
y te cuenta esos sueños que te digo

así / sin intenciones misteriosas
sé que voy a elegir de buena gana
de mi viejo jardín sólo tus rosas

de las altas ventanas tu ventana
de los signos del mar tu mar de cosas
y de todo el amor / tu amor / mengana

CERTIFICADO DE EXISTENCIA

Ah, ¿quién me salvará de existir?

FERNANDO PESSOA

Dijo el fulano presuntuoso /
hoy en el consulado
obtuve el habitual
certificado de existencia

consta aquí que estoy vivo
de manera que basta de calumnias

este papel soberbio / irrefutable
atestigua que existo

si me enfrento al espejo
y mi rostro no está
aguantaré sereno
despejado

¿no llevo acaso en la cartera
mi recién adquirido
mi flamante
certificado de existencia?

vivir / después de todo
no es tan fundamental

lo importante es que alguien
debidamente autorizado
certifique que uno
probadamente existe

cuando abro el diario y leo
mi propia necrológica
me apena que no sepan
que estoy en condiciones
de mostrar dondequiera
y a quien sea
un vigente prolijo y minucioso
certificado de existencia

existo
luego pienso

¿cuántos zutanos andan por la calle
creyendo que están vivos
cuando en rigor carecen del genuino
irreemplazable
soberano
certificado de existencia?

REPASO HISTÓRICO

Con más nostalgia que embeleso
recuerda una por una a sus menganas

de la primera aprendió el cielo
de la segunda asimiló la tierra
de la tercera la sonrisa virgen
la piel convicta de la cuarta
el palmo a palmo de la quinta
el beso frágil de la sexta
de la séptima el otro el insondable
de la octava el vaivén heterodoxo
de la novena el hagan juego
de la décima el no va más

en realidad
ya hace algún tiempo que el fulano
sentó cabeza con la undécima
mengana que dormita a su costado

MENGANA SI TE VAS

Mengana si te vas con el zutano
yo / tu fulano / no me mataré
simplemente los seguiré en la noche
por todos los senderos y las dunas
vos gozando tal vez y yo doliéndome
hasta que vos te duelas y yo goce
cuando las huellas a seguir no sean
dos tamañas pisadas y dos breves
sino apenas las de tus pies dulcísimos
y entonces yo aparezca a tu costado
y vos / con esa culpa que te hace
más linda todavía / te perdones
para llorar como antes en mi hombro

GERUNDIO

Pensando afirmo / mis veredas ando
memoria haciendo y vida desviviendo
a la chita callando e *in crescendo*
dijo el fulano / así vamos tirando

apostando a mi fe ¿pero hasta cuándo
habrá para el desgarro otro remiendo
si en la vieja frontera sigo viendo
pasar mi juventud de contrabando?

íngrimo y solo en este mar de fondo
lejano de mi prójimo iracundo
no soporto el azar / ilustre / orondo

pero frente al espejo vagabundo
viéndome mondo / aullándome lirondo
desciendo a mi gerundio más profundo

TRIÁNGULO

El fulano está insomne
y la mengana surca
su noche de recelos

él traga sus tabletas
porque intenta dormirse
y así entrar en el sueño
de la dulce mengana
y su abstracta lujuria
y en ese territorio
buscarlos / dar con ellos
sorprenderlos
y entonces
perseguir al zutano
hasta el amanecer

ONFÁLICA

sólo me quedó
tu ombligo como una taza
redonda

FRANCISCO URONDO

Cuando el fulano se miraba el ombligo
no era por narcisismo o complacencia
sino porque ahí siempre vio colinas
nubes convexas / constelaciones
abismos caóticos y jubilosos
grillos / calandrias / cachorros de puma

cuando el fulano se miraba el ombligo
no era porque se creyese el centro del mundo
sino porque allí evocaba pompas de ocio
cómodas profecías con vista al mar
terrazas de crepúsculo a fuego lento
pinos espeluznados / vientos espeluznantes

hoy cuando el fulano se mira el ombligo
no es porque se sienta presuntuoso
sino porque allí escucha los mejores pregones
coros de rameras que ascienden al cielo
carillones con horas al mejor postor
ecos de moribundas primaveras

lo cierto es que el fulano mira su ombligo
por él desciende al mundo / sube al vuelo
pero sólo lo asume con alborozo cuando
le trae nostalgia onfálica de su linda mengana
cuyo pozo de sueño le acerca más delicias
que el ombligo de venus que medra en los tejados

UTOPÍAS

Cómo voy a creer / dijo el fulano
que el mundo se quedó sin utopías

cómo voy a creer
que la esperanza es un olvido
o que el placer una tristeza

cómo voy a creer / dijo el fulano
que el universo es una ruina
aunque lo sea
o que la muerte es el silencio
aunque lo sea

cómo voy a creer
que el horizonte es la frontera
que el mar es nadie
que la noche es nada

cómo voy a creer / dijo el fulano
que tu cuerpo / mengana
no es algo más de lo que palpo
o que tu amor
ese remoto amor que me destinas
no es el desnudo de tus ojos
la parsimonia de tus manos

cómo voy a creer / mengana austral
que sos tan sólo lo que miro
acaricio o penetro

cómo voy a creer / dijo el fulano
que la utopía ya no existe
si vos / mengana dulce
osada / eterna
si vos / sos mi utopía

DESPISTES Y FRANQUEZAS

1989

EL HIJO

De haber tenido un hijo
no lo habría llamado
ni mario ni orlando ni hamlet
ni hardy ni brenno
como reza mi fardo onomástico

más bien le habría
colgado un monosílabo
algo así como luis o blas o juan
o paz o luz si era mujer
de manera que uno pudiera convocarlo
con sólo respirar

de haber tenido un hijo
le habría enseñado a leer
en los libros y muros
y en los ojos veraces
y también a escribir
pero sólo en las rocas
con un buril de fuego

de modo que las lluvias
limpiaran sus palabras
defendiéndolas
de la envidia y la roña
y eso aunque nadie nunca
se arrimara a leerlas

de haber tenido un hijo
acaso no sabría qué hacer con él
salvo decirle adiós cuando se fuera
con mis heridos ojos
por la vida

ENIGMAS

Todos tenemos un enigma
y como es lógico ignoramos
cuál es su clave su sigilo
rozamos los alrededores
coleccionamos los despojos
nos extraviamos en los ecos
y lo perdemos en el sueño
justo cuando iba a descifrarse

y vos también tenés el tuyo
un enigmita tan sencillo
que los postigos no lo ocultan
ni lo descartan los presagios
está en tus ojos y los cierras
está en tus manos y las quitas
está en tus pechos y los cubres
está en mi enigma y lo abandonas

LOS CANDIDATOS

Por la avenida vienen
los candidatos

los candidatos a mosca blanca
a perengano a campeador
a talismán
a vicedéspota

los candidatos a pregonero
a rabdomante a chantapufi
a delator
a mascarón de proa

los candidatos a gran tribuno
a alabancero a estraperlista
a piel de judas
a tercer suplente

los candidatos a iracundito
a viejo verde a peor astilla
a punto muerto
a rey de bastos

por la avenida vienen
los candidatos

desde la acera
solo y deslumbrado
un candidato a candidato
avizora futuro
y se relame

EL RIESGO

Después de todo
el solo riesgo de que dios exista
es que exista en mi sueño
y allí aletee sin preguntas
dejando llagas en mi corazón

ciertamente la única
alarma de que dios exista
es que exista en mi sueño
y que yo duerma hasta que el cuerpo
aguante

ARENA

Arena entre mis dedos
bajo mis pies de plomo
arena voladora
arena buena

en tu memoria polen
quedaron escondidos
mis castillos

guárdalos hasta el día
en que un niño
otro niño
se acerque a rescatarlos
con mi salvoconducto

EL ODIO VIENE Y VA

El odio viene y va y regresa
alucinado lo contemplo
pasa como un adiós de humo
como una sombra
como un duelo

desconcertado viene y va
desesperado y prisionero
tras los celajes del olvido
como una plaga
como un eco

viene y se vuelve y arremete
y es un cuchillo de silencio
que lentamente me desgarra
como un sollozo
como un ciego

y sin embargo sin embargo
a veces puede ser un premio
no le devuelvo el odio al odio
y es un alivio
merecerlo

PAISAJE

Este paisaje es casi una mujer

si se mira con buena voluntad
figura un matorral o cabeza en desorden
dos suaves promontorios que son pechos en calma
hay la verde hondonada con su ombligo de sombra
el musgo hospitalario cubre un sexo furtivo
y poniendo otro poco de buena voluntad
dos sistemas de rocas abiertos como piernas

es toda una metáfora envolvente
de la naturaleza inesperada

en el paisaje que es mujer
echo de menos sin embargo
a una mujer que no es paisaje

LA ROCA

La indiferencia de la roca
me conmueve
y me aplaza

cómo irme desgranando
hora a hora
pestaña tras pestaña
pellejo tras pellejo
ante ese paradigma
de tesón
y pureza

no obstante apuesto a que
la indiferencia de la roca
quiere comunicarnos
una alarma infinita

BÉBETE UN TENTEMPIÉ

Bébete un tentempié pero sentada
arrímate a tu sol si eres satélite
usa tus esperanzas como un sable
desmundízate a ciegas o descálzate
desmilágrate ahora / poco a poco
quítate la ropita sin testigos
arrójale esa cáscara al espejo
preocúpate pregúntale prepárate
sobremuriente no / sobreviviente
desde el carajo al cielo / sin escalas
y si no vienen a buscar tu búsqueda
y te sientes pueril o mendicante
abandonada por tu abandoneón
fabulízate de una vez por todas
métete en tu ropita nuevamente
mundízate milágrate y entonces
apróntate a salir y a salpicarte
calle abajo / novada y renovada
pero antes de asomar la naricita
bebe otro tentempié / por si las moscas

EL AGUAFIESTAS FALTA SIN AVISO

El aguafiesta no ha venido esta tarde

JOSÉ LEZAMA LIMA

Tal vez se le olvidó tu santo y seña
después de todo no es tan importante
no va a flamear el cielo por su ausencia
ayúdate secúndate solázate
búscate en la quimera de los otros
inventa tus estrellas y repártelas
besa los nombres en sus dos mejillas
deja que el corazón te elija el mundo
abrázate del miedo y no lo sueltes
vuélvete persuasión cautela magia
vuélvete sombra pero no te envicies
sálvate de turbiones y de nieblas
ponte el otoño con su sol de gala
libérate en las manos que te avisan
descúbrete en los ojos que te nombran
ya no vendrá deslígate distánciate
de su resuello de sus sortilegios
de sus malas noticias de su rabia
no dejes que te ensalme de amargura
defiende como loba tu alegría
el tiempo no diseña el pasatiempo
el canto no reclama el desencanto
el viento no vindica el aspaviento
la fiesta no perdona al aguafiestas

LAMENTOS

Sé que no bastarían las mejores
enredaderas del verano
para cubrir el muro
de mis lamentos

lo curioso es que esos plañidos
son alegres
verbigracia ay qué goce
ay qué suerte
ay qué cielo

por el contrario cuando
mis lamentos
son en verdad desconsolados
no disponen de ayes
ni de muros

CAVA MEMORIAS

La soledad es un desierto
    está en litigio
    no tiene sombra
    y es puro hueso

la soledad es un oasis
    no hace señales
    pesa en la noche
    lo ignora todo

la soledad no olvida nada
    cava memorias
    está desnuda
    se encierra sola

COMPAÑERO DE OLVIDO

a Juan Gelman

Un jour passera la camaraderie inerte de l'oubli

RENÉ CHAR

Compañero remoto en tu fe de madera
alerta en la querella que no se desvanece
transcurres por los sueños y el incierto futuro
sin parpadear ni vernos / custodio de la noche

hacedores de inviernos y socorros mendigos
legatarios de brumas y expiaciones
se borran y te borran del próximo presagio
dictándote el olvido y olvidándote

de poco y nada sirven los residuos
de las dulzuras o de las borrascas
pero aun si proteges tu dolor bajo llave
igual han de llegarte mi alarma y mi consuelo

compañero de olvido / en el olvido
estamos recordándonos sabiéndonos
solidarios sin nombre / solitarios
de a uno o en montón pero insepultos

compañero de olvido / no te olvido
tus tormentos asoman en mis sienes blancuzcas
el mundo cambia pero no mi mano
ni aunque dios nos olvide / olvidaremos

SEÍSMO

La terre nous amait un peu je me souviens

RENÉ CHAR

Quedan las cáscaras de vida
la solidaridad de las columnas
las pausas del escombro
el pavoroso cielo gris

la tierra exasperada
reclama una caricia
que no la olviden
no la olviden nunca
por eso se estremece
de abandono

tan sólo si la aman
si la amamos
volverá a concedernos
el perdón del silencio
el amor de la calma

LOS TRES

14 de julio de 1989

El cadalso y carlota corday los alinearon
en la habitual arruga de la historia
pero danton robespierre marat
no se miran ni se dirigen la palabra

la muerte esa inasible
que fuera su cofrade y su enemiga
los recorre con dulce escalofrío
en tanto que la fama los satura
de himnos desafueros y retórica

matarifes o mártires
pródigos o inclementes
jacobinos o nada
entrañables o impíos
bonne nouvelle o fetiches
patronos de la luz o del terror

blandieron la justicia como fiebre
el amor cual relámpago
la excepción como regla
y la revolución ese eterno entrevero
como última acrobacia inevitable

no obstante hace dos siglos
bregaron deliraron murieron con urgencia
no sin antes mostrar al resto de los tiempos
lo frágiles que eran la cerviz los poderes

y sin embargo esos
huéspedes o anfitriones del peligro
marat danton y robespierre
no se hablaban ni se miraban o al menos
no se hablaron ni se miraron hasta
que de las nuevas arrugas de la historia
emergieron artigas y martí y sandino
y el che y otros abuelos
y bisabuelos cándidos

y al abrazarlos sin hacer distingos
de a poquito los fueron persuadiendo
de que todos lucharon por el hombre
el pobrecito duende de este mundo

POR EL ANTES COMO ANTES

Vení
vamos a discurrir
por el antes como antes

es un peregrinaje inesperado
y el turismo interior está de moda

la luna no es de neón
pero igual sirve
tomá nota y mirá los soldaditos
cómo eran de modestos y modosos

por estos andurriales
siempre nacimos poco

fíjate que los perros eran perros
qué extraño no teníamos bozales
fíjate que las aves eran aves
nos llovían tiernamente las alas

discurrir por el antes como antes
es requisito básico para los educandos

por remoto que quede el pasado pisado
siempre ha de restaurarnos las hazañas
despabilarnos las premuras
argumentarnos las vicisitudes

fíjate que no había ordenadores
éramos un desorden olímpico y mundial
y sin embargo en medio
de aquel relajo
todo
estaba allí
aguardándonos

payanas y quilombos
teorema de pitágoras
el tango cambalache
el suicidio de brum
los logaritmos
maracaná y el cielo
nuestras nupcias
graf spee en la bahía
dienbienfú ñancahuasu
hiroshima mac carthy
los escrúpulos de einstein
tan tardíos

fíjate que el buenazo de artigas esperaba
que alguien hiciera su reforma agraria
y de una vez por todas le dijeran
vos fuiste un artesano del decoro
fuiste un campeón de la milonga patria
vení a rescatarnos viejo lindo

si sos contrabandista
como sopló sarmiento
contrabandeá nomás
traenos sin pasar por las aduanas
un poco de tu orgullo

pero nadie lo expuso en esos términos
los que lo traicionaron
eran pundonorosos

espero que lo hayas comprendido
discurrir por el antes como antes
es un peregrinaje voluntario
un safari asequible

podés pagarlo en cuotas

LA CERCANÍA DE LA NADA

Ahora
sé que mi único destino
es la certidumbre de la vejez
la cercanía de la nada
su belleza aterradora

FAYAD JAMIS

Cuando se acercan a la nada
y más aún cuando se enfrentan
al pavoroso linde de tinieblas
los poderosos no consiguen
pasar de contrabando su poder
ni la mochila azul de sus lingotes
ni el chaleco antimuerte
ni el triste semillero de sus fobias

pero cuando los pobres de la tierra
se acercan a la nada
los aduaneros nada les confiscan
salvo el hambre
o la sed
o el cuerpo en ruinas

los pobres de la tierra
pasan como si nada
pero tampoco se hagan ilusiones
ya que la nada es nada más que eso
y esa belleza sobrecogedora
que aterra a poderosos e indigentes
a todos los ignora por igual

YESTERDAY Y MAÑANA

1987

A Luz

TODO EL TIEMPO

> ... les dejo
> el tiempo, todo el tiempo.

ELISEO DIEGO

POSIBLES

A lo peor nadie me atiende
nadie recibe los mensajes
nadie se alegra nadie llora
nadie enciende su sangre
con estos versos que se rompen
en los papeles
y en el aire

a lo mejor alguna alguno
en un insomnio titubeante
halla que dos o tres palabras
le entregan algo de alguien
desde estos versos que se rompen
en los papeles
y en el aire

a lo mejor
quién sabe

ETCÉTERA

Mis versos grises son maniobras
para encontrarme sin escándalo
para extraer
de lo que he sido
de esos escombros que comprendo
de esa tristeza en compañía
un vaticinio sin soberbia

mis versos grises son preguntas
tiros al aire
contraolvidos
bordes de historia que son huesos
besos de lluvia y poco oficio
insomnios cuerdos como nunca

ah pero afortunadamente
mis versos no son siempre grises
los hay azules verdes rojos
etcétera

BORRAR EL SUEÑO

Le temo al sueño
que me da en torbellino la certeza
el cáliz donde urdo lo imposible
y corro me deslizo salto vuelo
en pos de lo que apenas se vislumbra

quiero borrar el sueño
en que obtengo la gracia insuficiente
la transparencia inútil o bastarda
el veto a cualquier duda
el azar amarrado

le temo al sueño
como al albatros que no he visto
al sol que no caldea
a la lluvia que encoge los recelos
al goce que no cesa

quiero borrar el sueño
que descorteza el estupor y el pino
que a mi pesar confirma al que no soy
que ama cuerpos que no son presagios
y se entrega rehén cuando amanece

DESGANA

No tengo ganas de escribir
pero la letra avanza sola
forma palabras y relevos
que reconozco como míos

en la ventana llueve
tantas veces la calle
brilló sin fundamento

no tengo ganas de escribir
por eso queda el tiempo en blanco
y no es un blanco de inocencia
ni de palomas ni de gracia

en la ventana llueve
tantas veces la calle
se anegó de presagios

no tengo ganas de escribir
pero la lluvia llueve sola

FRAGMENTO

Este trozo de vida es tan espléndido
tan animoso tan templado
que la muerte parece desde aquí
tan sólo una cascada
remota y para otros

¿quién no ha buscado el placer nítido?
¿quién no ha intentado organizar
un desenlace sin escombros?

la memoria repasa sus noticias de sol
la sonrisa que era un exorcismo
la chispa trágica en el firmamento
las huellas descubiertas en la hora precisa

todo adquiere un sentido turbador
en el umbral inexpugnable
en la crisálida del odio

no obstante este fragmento
probablemente es un islote
llevado a rastras por presagios
desalientos condenas

y aunque parezca absurdo
la muerte todavía

parece desde aquí
tan sólo una cascada
remota y para otros

SOLEDADES

Solo como una ostra
y sin embargo
la soledad empieza en el gentío
ciempiés sobre mi pie
chispas de salvación
candores de esqueleto

la soledad se inicia en un agobio
muro de espaldas
nucas como rostros
desbandada de prójimos

unísimo al unísono
incito a que me olviden
insecto a que me aplasten

solo como una ostra
y sin embargo

YACENTE

Esta fragilidad de la cordura
este no saber cuándo dónde cómo
este arrabal del goce
estas ganas de no tener más ganas
este recuerdo que se rompe o no
este aplazado santiamén
esta alma en un hilo
son gradaciones torpes pero reales
de la vida yacente
y a estas alturas reflexiva

INTEMPERIE

Llega un confín un día
en que al caer de espaldas o de bruces
sientes que nada o casi nada media
entre tu corazón y el de las aves

los árboles encima como techo
un archipiélago de azul y azules
la brisa suave y tolerante roza
las dos cartujas de tu soledad

el abstracto horizonte no se ve
oculto por concretos promontorios
y sin embargo existe allá y aguarda
que el sol se hunda en su línea recta

y mientras tanto el aire verde y húmedo
penetra en tu provincia de silencio
y así te integras / uno más / o menos
en la hidalga misión de los insectos

SÍMBOLOS Y SEÑAS

La vida está entreabierta
de modo que penetran
los símbolos y señas

hay que aventar lo inútil
y es tan poco

ENTRESUEÑOS

Pero todo se muda se borra si despierto

JUAN CUNHA

¿Y si no fueran las sombras sombras?

PEDRO SALINAS

TORMENTA

Un perro ladra en la tormenta
y su aullido me alcanza entre relámpagos
y al son de los postigos en la lluvia

yo sé lo que convoca noche adentro
esa clamante voz en la casona
tal vez deshabitada

dice sumariamente el desconcierto
la soledad sin vueltas
un miedo irracional que no se aviene
a enmudecer en paz

y tanto lo comprendo
a oscuras / sin mi sombra
incrustado en mi pánico
pobre anfitrión sin huéspedes

que me pongo a ladrar en la tormenta

SIRENA

Tengo la convicción de que no existes
y sin embargo te oigo cada noche

te invento a veces con mi vanidad
o mi desolación o mi modorra

del infinito mar viene tu asombro
lo escucho como un salmo y pese a todo

tan convencido estoy de que no existes
que te aguardo en mi sueño para luego

ESQUELETO Y SAUDADE

Antes de confirmarse en la laguna
cruza la pierna el esqueleto
y se encuentra gallardo livianísimo

mira la quebradura del astrágalo
y se quita del pubis
una última hebra de algodón

qué insufrible es la vida
ahora ya no tiene por qué decir adiós
ni albricias ni amor mío

qué incómoda es la piel
cuando se vuelve arruga
y extravía el disfrute

y sin embargo cuando llueve
y está naturalmente
calado hasta los huesos

le sobrecoge una violenta
saudade
       de vivir

FANTASMAS

Aunque parezca extraño
a los fantasmas
nos hace mal
la noche

nos desalienta
nos encoge
nos cuelga una etiqueta
nos quita los prodigios
nos consume hasta el borde
nos moja en el rocío
nos caza en un bostezo

nos hace mal
la noche
a los fantasmas

confundimos el sur
con el oeste
el este con el norte
la muerte con la vida
y hasta nos vienen ganas
de conseguir un cuerpo
o preferiblemente
dos

realmente hay que ser fuertes
para vencer las dulces tentaciones

hasta que estalla y viene
el alba en nuestro auxilio
y nos vamos
nos vamos
en pos del sol nos vamos
transparentes
sin ansias
transidamente a salvo

QUIMERA

¡Oh recuerdo, sé yo!

JUAN RAMÓN JIMÉNEZ

¿Por qué aquel miedo recurrente
infinito / nocturno
cuando volvía niño bordeando los árboles
nada frondosos / pusilánimes
entre un acorde de ladridos?

¿por qué las luces de la casa
quedaban tan remotas
y sentía en la nuca
aquel aliento inmundo
de Eso que me pisaba los talones?

¿por qué aquel pánico que me impedía
junto al mutismo de los álamos
vencer el sortilegio
y verle el rostro a la verdad
que los perros husmeaban?

ahora que los miedos son distintos
y la noche no asusta
y me sé frágil y eso me hace fuerte
sé yo / recuerdo / para darme vuelta
y enfrentar al fantasma de la nada

DESVELOS

Si en la ventana abierta
pasa la noche celadora
yo vigilo las sombras
y los humos del miedo

no hay oración del desengaño
no hay alma en pie de guerra
sólo la patria de la noche
moviéndose prudente
en mis ojos abiertos

en el enjambre de callados
pongo mis sílabas de siempre
las corroboro mientras cuento
o mejor imagino
los álamos que tiemblan

una penumbra sin alarmas
y en este caso sin estrellas
un pobre orgullo de estar vivo
tan sólo eso es el desvelo

y sin embargo no quisiera
dormirme así indefenso
en esta suerte descampada

por lo menos aquí tengo la noche
sombras y humos del miedo
pero en cambio no sé
qué vigilia soñada
qué vigilia mendaz
bajo los párpados
                    me espera

EL SILENCIO

Hace unos veinte o veinticinco años
los suicidas buscaban el silencio
aturdidos buscaban la infinita
protección del silencio

pero éste ya no existe

antes había franjas de mutismo
y los fantasmas de alcohol
eran curtidos y lacónicos

ahora sólo comparecen
las quimeras aullantes
los endriagos de trueno

hasta el eco es un monstruo
de gorgoteantes decibeles

los viejos cuentan cómo era
allá en sus buenos tiempos
el compacto silencio de las noches

pero nadie les cree
nadie probablemente los escucha
porque en ese momento pasa el jet

los viejos narran que en la sombra quieta
sólo el grillo trozaba aquel silencio
y cuando enmudecía
la oscuridad era de nuevo azul

los viejos cuentan
pero nadie escucha
porque en ese momento estalla el rock

ahora
en esta noche
el silencio no existe
está sellado
por el escándalo del mundo

se acabó la quietud la paz votiva
el ciclo es de morteros y timbales
ábsides y guaridas clamorean
el silencio no existe
ni aquí ni más allá

los datos son del último suicida
que regresó menguado y sin aliento
"el resto no es silencio" dijo
y no quiso dar más explicaciones

DOCENCIA

La muerte va al encuentro de la infancia
la prepara la educa la adoctrina
le enseña tantas fábulas
como hilachas da el magma del azar

la lleva ante el espejo catequista
para que él la transforme
de ufana en taciturna

la muerte va al encuentro de la infancia
y cuando al fin la forma
la alienta la organiza
la pule le da un rumbo

la infancia va al encuentro de la muerte

CORREDORES DE FONDO

Sabido es que los habitantes del otoño
criaturas poderosas e insignificantes
no tienen el derecho de quitarse la muerte
apenas si lo tienen de quitarse la vida

por andar distraídos en desvelos o amores
no usan habitualmente ese atributo

en verdad sólo ocurre de tarde en tarde
y ocasionalmente de noche en noche
que alguien haga un arqueo
de sus melancolías
de sus grumos de angustia
de la confianza que sin proponérselo
como el cántaro
tanto va a la fuente

sólo entonces emplea ese frugal derecho
ese minúsculo raído patrimonio
que nadie puede ni podrá arrebatarle

hay suicidas de susto tembloroso
o de vergüenza endémica
pero los hay intrépidos que aguantan
las descargas del odio y otras ráfagas

y sin embargo no logran vadear
el charquito del desencanto

después de todo
quién puede saber cuándo la vida
empieza a enamorarse de la muerte
quién osaría
decir cuándo comienza
la dulce seducción

quién se atreve a juzgar
a estos curtidos
corredores de fondo
que pierden el aliento
a sólo diez segundos de la meta

quién podría impedirles que se lleven
como un simple amuleto
el inédito tramo
el nunca hollado borde de la vida

claro que hay otros
suicidas entrañables
que se llevan / en préstamo
un trozo de la nuestra
acaso para irla acostumbrando
a bien morir

YESTERDAY Y MAÑANA

el tiempo me desgarra por sus dos puntas

CÉSAR FERNÁNDEZ MORENO

DIGAMOS

1.
Ayer fue yesterday
para buenos colonos
mas por fortuna nuestro
mañana no es tomorrow

2.
Tengo un mañana que es mío
y un mañana que es de todos
el mío acaba mañana
pero sobrevive el otro

BEATLES DIXERUNT

Yesterday
all my troubles seemed so far away
now it looks as though they're here to stay

se quedan años en ceniza
se quedan rostros en penumbra
y no es mi pájaro el que vuela
y no es mi infancia la que duda

se quedan pálidas esquinas
con los amantes y sus lenguas
y no es mi otoño el que se apaga
y no es mi sueño el que recela

I'm not half the man I used to be
there's a shadow hanging over me

no soy ni intento ser el mismo
sin los estigmas que me salvan
sin los abrazos que no pude
sin los hermanos que me faltan

no quiero ser el rescatado
de ese pasado sin futuro
no se entra gratis en el odio
ni en el perdón ni en el orgullo

now I need a place to hide away
oh I believe in yesterday

pero no quiero disolverme
y a mi pesar sentirme nadie
si ahora creo en ese ayer
es sólo para despojarme

ayer de pobres emboscadas
ayer espeso como selva
aprendí todo en el ayer
para que el mismo ayer no vuelva

YESTERDAY

Palabra airosa brillante sonora
regada por añoranzas y quimeras
con penurias y júbilos de telón mágico
ésos de neblinosa transparencia
que a duras penas dejan entrever
los simulacros de lascivia
la fosforescente domesticable aurora
la noche atravesada por antorchas

yesterday las gaviotas volaban en inglés
los búhos meditaban en inglés
las muchachas besaban en inglés
glenn abofeteaba en inglés a rita
humphrey y katharine
cruzaban áfrica en inglés

la verdad es que yesterday nos desaloja
tierna o despóticamente del ayer

yesterday las nieblas eran sólo londinenses
los rascacielos / la seña de manhattan
los terremotos venían de san francisco
y los puentes / de waterloo o de brooklyn
las ballenas eran turbiamente blancas
los molinos quedaban junto al floss

yesterday / el prodigio al alcance de todos
o también una alfombra de terciopelo
negro / durante varios lustros preparatorios
hasta que natalie kalmus aportó su paleta

yesterday sabíamos que el mal
era frívolo y satánico
y que el bien era frívolo
pero alcanzable

y si no que lo digan hombrecitos de abajo
que llegaban a la gloria y nos miraban
desde nuestros castillos en el aire

conservo a qué negarlo
buen recuerdo de yesterday
después de todo margaret sullavan
fue mi primer amor (saltó a la fama
precisamente en only yesterday)
me llevaba nueve años pero no se notaba
y era arduo disputársela a james stewart
que me llevaba doce

en realidad yesterday
era sobre todo un sueño para otros
algo así como la espuma de la sangre
la esperanza traducida y con erratas
el caudal de vísperas ajenas
que a menudo confundíamos con las propias

ayer / en cambio
es palabra doméstica y cortita

mera convención para entender
el pasado pisado

es claro que sus cuatro letras
sin laberintos ni acicates
no son equiparables
a las nueve de yesterday

su brevedad carece de puentes colgantes
de emotivos llantos con cuentalágrimas
de vigilias bordadas con alucinaciones
de nupcias sensitivas y financieras

ayer es un roedor infinito y sin laureles
saldo de presentimientos y de hogueras
túnel de expiaciones y postrimerías

ayer no colecciona éxtasis ni delirios
pero hace acopio de cicatrices y entusiasmos
de alegrías de segunda mano
de tristezas que dan la pauta
de esquirlas de lo real

tal vez su cándida ventaja sea
que para ayer no precisamos
traductores como para yesterday

y otra más
que como está sembrado
de días y noches innegables
no provoca espejismos ni confabulaciones
por otra parte ayer no exige desertores
ni del orgullo ni de la vergüenza
ni del sacrificio ni de las transgresiones

quizá por eso los ayeres completos
son una enciclopedia del causante
y cada ayer es una rama
de la arborescente identidad

nadie emigra ni desaparece del ayer
allí están estamos todos
los cuerpos y sus sombras
el misterio y su clave
la pared y su hiedra
el farallón y la resaca
el rumbo y la deriva
la calma y el espanto

yesterday / pasado sin fronteras
ayer es la frontera
yesterday / el mar que fosforece
ayer / el río que nos trae

yesterday / las galas de la historia
ayer / la memoria corriente
yesterday / paraíso de alquiler
ayer / múltiplo de uno

LOS AÑOS

Los años se vinieron alevosos
compactos / degradantes
no reservan sorpresas
sino confirmaciones

después de todo a quién le importan
la noria de las estaciones
las tenues campanadas
los barrancos en flor

la piel es lo que importa
y tiene ultrajes
el mar es lo que importa
y simplemente ahoga

los años se vinieron
y no se van
se quedan como troncos
pesan como desdichas

yo me hago el sordo / ignoro
sus truenos y mi pulso
miro hacia el horizonte
como si le tocara florecer

MAÑANA

Bendito seas río de mañana
futuro en que te abismas
vienen contigo esquirlas de infinito
aunque más breves cada día

y también el hechizo inquebrantable
la nostalgia a construir / la sobrevida
el vuelo de los pájaros que saben
la calma en que descansa la utopía

si me concentro no te veo
ni sé lo que anticipas
si me recluyo en mis escombros
nadie me librará de tanta ruina

pero si abro mis inviernos
de par en par al verde de tu orilla
aprenderé tal vez con las distancias
que separan tu fronda de la mía

bendito seas surco de mañana
con tu repetición de la fatiga /
desde una mano ancha y sembradora
te llegará el azar de la semilla

mañana de candor / bendito seas
futuro / por llegar a la deriva
sin preces ni condenas
ni justos a la vuelta de la esquina

estás aquí futuro / hay que ampararte
los emboscados en la amanecida
quieren acribillarte desde el miedo
dejarte sin enigmas

bendito seas leño del augurio
mañana / al convertirte en tu ceniza
aceptarás las cifras de la muerte
como una condición de la armonía

ESTE ARROYO NO VUELVE

Este arroyo no vuelve
no se detiene nunca
pero en tanto que sigue
lentamente fabula

descubre peces rojos
improvisa riberas
imagina los sauces
las calandrias inventa

y si no vuelve es porque
sueña hacia donde va
a meterse en un río
y con él en el mar

ESCONDIDO Y LEJOS

¿Qué te ha dado el pasado?
¿la fuga que te mira en el espejo?
¿aquel fantasma que te desbarata?
¿la sombra de tus nubes? ¿la intemperie?

rápido como el río ha transcurrido
pero ocurre que el río no envejece
pasa con sus crujientes y sus ramas
sus duendes y su cielo giratorio

quedaron armoniosos pero inmóviles
tu mayo tu piedad tus artilugios
todo el prodigio se volvió espesura
y la espesura se llenó de tedio

ya no llueve en tu olvido ni siquiera
en tu pobre redoma o en las tapias
aunque el pasado está escondido y lejos
no tienes más remedio que mirarlo

SOL DE OCTUBRE

Este domingo amaneció sin viento
y en el parque de octubre poco a poco
los veteranos llegan a los bancos
que el sol y la costumbre les reservan

con sus quebrantos que ya son olvido
callados / con los ojos en la fuente
la soledad es un cántaro roto
y el pasado un abismo de palabras

las palomas se acercan y los miran
sin ilusión porque no son los viejos
sino las viejas las que les reparten
migas de pan y granitos de trigo

las palomas conocen quién es quién

cada viejo mantiene sin nombrarla
su vasta colección de primaveras
pero a esta altura sólo rememora
los inviernos hostiles a su cuerpo

ni siquiera con este sol novicio
posado en sus rodillas oxidadas
disfruta la estación que no lo alude
y se conforma con los años lázaros

quedaron sus octubres tan atrás
tan lejos tan aislados que no hay modo
de que se arrimen a esta primavera
donde tal vez se cierre el almanaque

las palomas conocen quién es quién

BOB DYLAN DIXIT

Now the moon is almost hidden
The stars are beginning to hide
The fortune telling lady
Has even taken all her things inside
All except for Cain and Abel
And the hunchback of Notre Dame
Everybody is making love
Or else expecting in rain
And the good samaritan he's dressing
He's getting ready for the show
He's going to the carnival
Tonight on Desolation Row

La araña de la inquina sabe tejer su trama
es de plomo la hostia de la consternación
ladran los profetas de la sevicia
el suicida pueril emprende el vuelo
no hay quien auxilie al buen samaritano
bajaron las acciones del amor
la impunidad es una droga dura
nuestros mejores lastres son los universales
la muerte nos enseña el único alfabeto
la memoria se vuelve clandestina
el hambre no consigue atravesar la bruma
en la empinada cuesta de la desolación

SUCEDE

Si me preguntáis en dónde he estado
debo decir: "Sucede".

PABLO NERUDA

BEBER OUZO EN ATENAS

Beber ouzo
        esa extraña libación que provoca alegrías y
        desorientaciones varias
es algo indispensable para amar a atenea ya que sólo así
        se la puede imaginar surgiendo de la frente de un
        dios recién hachado

beber ouzo en atenas
        permite ver casi todo en duplicado
o por lo menos distinguir dos partenones
        uno el que todavía luce mutilado en la acrópolis
y otro el que lord elgin se llevó bien embalado a londres
        en mil ochocientos dos

beber ouzo en atenas
        es por ejemplo encaminarse hacia el odeón y
        desembocar sin embargo en el pireo
o descubrir que el suicidio de demóstenes es la
        prolongación del suicidio de sócrates

beber ouzo en atenas
        es hallar la salida del laberinto sin recurrir al
        enamorado hilo de ariadna
o masticar pasas de corinto creyendo que son ciruelas de
        california

beber ouzo en atenas
       es creer que el camarero es menelao y pasarle el
       brazo sobre los hombros para consolarlo por el
       rapto de helena
y es también soñar con un bajorrelieve votivo que
       muestre a asclepio entrando en epidauro
       y a papandreu saliendo de la otan

MARGINALIA

Que incómodo es venir
de un país que no tiene
desfiladero de las termópilas
ni machu picchu
ni roca tarpeya
ni popocatépetl
ni galleria degli uffizi
ni gran muralla china
ni place des vosges
ni barrio gótico
ni palenque
ni paseo del prater
ni columnata de bernini
ni cañón del colorado
ni pirámide de keops
ni rijksmuseum
ni sainte chapelle
ni popul vuh
ni venus del espejo
ni cuevas de altamira
ni philosophenweg
ni tenochtitlán
ni manekken pis
ni tal mahal

diríase que es incómodo
no por complejo de inferioridad

sino porque uno realmente no sabe
si está viviendo
antes del prólogo
o después del epílogo
y tampoco intuye
si es peor o mejor

LOS POETAS

Los poetas se encuentran en congresos
en saraos en cárceles en las antologías
unos cosechan loas en manuales de fama
otros son asediados por la casta censura

los poetas se abrazan en los aeropuertos
y sus tropos encienden la alarma en las aduanas
a menudo bostezan en recitales de otros
y asumen que en el propio bostecen los amigos

los poetas se instalan en las ferias anuales
y estampan codo a codo sus firmas ilegibles
y al concluir la faena les complace de veras
que se acerquen los jóvenes confianzudos y tímidos

los poetas se encuentran en simposios
por la paz pero nunca la consiguen
unos reciben premios / otros palos de ciego
son una minoría casual y variopinta

sus mejores hallazgos son harto discutibles
estudios inclementes revelan sus andamios
los analistas buscan variantes / los poetas
suelen dejar alguna para animar el corro

los poetas frecuentan boliches y museos
tienen pocas respuestas pero muchas preguntas
frugales o soberbios / a su modo sociables
a veces se enamoran de musas increíbles

beben discuten callan argumentan valoran
pero cuando al final del día se recogen
saben que la poesía llegará / si es que llega
siempre que estén a solas con su cuerpo y su alma

PEREGRINACIÓN A MACHADO

Baeza es un instante pendular
cansado o floreciente
según sople la historia

con sus palacios a la espera
sus adoquines resabiados
sus lienzos de muralla
su alcázar que no está
sus ruinas que predican
su custodia que gira y centellea
sus casas blancas
y su sol en ocres

mas no vine a baeza a ver baeza
sino a encontrar a don antonio
que estuvo por aquí
desolado y a solas
la muerte adolescente
de leonor en sus manos
y en su mirada y en su sombra

tengo que imaginarlo
aterido en el aula
junto al brasero las botas raídas
dictando lamartine y víctor hugo
ya que tan sólo era
profesor de francés
uno de tantos

tengo que descubrirlo en las callejas
que ciñen la obstinada catedral
montada en la mezquita
y suponer que estamos en invierno
pues no era machado un poeta de estío

que federico estuvo aquí
dicen y dicen que le dijo
a mí me gustan
la poesía y la música
y tocó al piano algo de falla
pero a machado le atraía
más la templada encina negra
que ya murió
camino de úbeda

tampoco existe la farmacia
(en su lugar hay una tienda)
donde charlaban y tosían
los modestísimos notables
y allí llegaba don antonio
con su silencio y lo sentaba
junto a la estufa

los madroños las cabras
las lechuzas entraron en sus versos
mientras baeza mantenía
los gavilanes en su nido real

la tarde se recoge a las colinas
el poeta no acude
sin embargo lo escolto
en su ritual hasta el paseo
de la muralla
a ver una vez más los olivares
y las lengüetas del guadalquivir
y la sierra de mágina que es mágica

y junto a mí sin verme
y junto a él sin verlo
entramos don antonio y yo en la niebla
medidos por el rojo sol muriente
él como el caminante de sus sueños
yo como un peregrino de los suyos

Baeza, agosto 1987

LA VUELTA DE MAMBRÚ

Por entonces Mambrú volverá de la guerra

GERARDO DIEGO

Cuando mambrú se fue a la guerra
llevaba una almohadilla y un tirabuzón
la almohadilla para descansar después de las batallas
y el tirabuzón para descorchar las efímeras victorias

también llevaba un paraguas contra venablos aguaceros y
        palabrotas
un anillo de oro para la suerte y contra los orzuelos
y un llavero con la llave de su más íntimo desván

como a menudo le resultaba insoportable la ausencia de la
        señora de mambrú
llevaba un ejemplar del cantar de los cantares
y a fin de sobrellevar los veranillos de san juan
un abanico persa y otro griego

llevaba una receta de sangría para sobornar al cándido
        enemigo
y para el caso de que éste no fuese sobornable
llevaba un arcabuz y un verduguillo

asimismo unas botas de potro que rara vez usaba
ya que siempre le había gustado caminar descalzo
y un caleidoscopio artesanal
debido probablemente a que marey edison y lumière no
        habían nacido aún para inventar el cine

llevaba por último un escudo de arpillera porque los de
        hierro pesaban mucho
y dos o tres principios fundamentales mezclados con la
        caspa bajo el morrión

nunca se supo cómo le fue a mambrú en la guerra
ni cuántas semanas o siglos se demoró en ella

lo cierto es que no volvió para la pascua ni para navidad
por el contrario transcurrieron centenares de pascuas y
        navidades
sin que volviera o enviara noticias

nadie se acordaba de él ni de su perra
nadie cantaba ya la canción que en su tiempo era un hit

y sin embargo fue en medio de esa amnesia
que regresó en un vuelo regular de iberia
exactamente el miércoles pasado
tan rozagante que nadie osó atribuirle más de un siglo y
        medio
tan lozano que parecía el chozno de mambrú
por supuesto ante retorno tan insólito
hubo una conferencia de prensa en el abarrotado salón
        vip

todos quisieron conocer
las novedades que traía

mambrú después de tanta guerra

cuántas heridas
cuántos grilletes
cuántos casus belli
cuántos pillajes
y zafarranchos de combate

cuántas invasiones
cuántas ergástulas
cuántas amnistías
cuántas emboscadas
y recompensas indebidas

cuántas cicatrices
cuánta melancolía
cuántos cabestrillos
cuántas hazañas
y rendiciones incondicionales

cuánto orgullo
cuántas lecciones
cuántos laureles
cuántas medallas
y cruces de chafalonía

ante el asedio de micrófonos
que diecinueve hombres de prensa
blandían como cachiporras
mambrú
oprimido pero afable
sólo alcanzó a decir
señores

no sé de qué me están hablando

traje una brisa con arpegios
una paciencia que es un río
una memoria de cristal
un ruiseñor dos ruiseñoras

traje una flecha de arco iris
y un túnel pródigo de ecos
tres rayos tímidos y una
sonata para grillo y piano

traje un lorito tartamudo
y una canilla que no tose

traje un teléfono del sueño
y un aparejo para náufragos
traje este traje y otro más
y un faro que baja los párpados
traje un limón contra la muerte
y muchas ganas de vivir

fue entonces que nació la calma
y hubo un silencio transparente

un necio adujo que las pilas
se hallaban húmedas de llanto
y que por eso los micrófonos
estaban sordos y perplejos

poquito a poco aquel asedio
se fue estrechando en un abrazo

y mambrú viejo y joven y único
sintió por fin que estaba en casa

LÍMITES

El uruguay es un país que tiene
forma de corazón
de puño o de talega
y dicen que sus bordes
no siempre voluntarios
son por el norte
el río cuareim
arroyos de la invernada
y del maneco
la escuela de chicago
disneylandia
singing in the rain
y el fondo monetario
con su cuchilla grande
también la de santa ana
y el tío tom y harry kissinger
beat generation y marines
el arroyo san luis y el de la mina
y aquí y allá como relleno fácil
las consabidas líneas divisorias

por el este
casi indefenso el río yaguarón/jaguarão
menos mal que enseguida comparecen
os sertões y el aleijadinho
maracaná y la bossa nova

la laguna merim y chico buarque
la comezón de las favelas
los buenos modos de itamaraty
y el san miguel y el chuy
la tienda de samuel

por el oeste
de arribabajo el río uruguay
y a prudente distancia
don mariano moreno
gardel en chacarita y en volver
cortázar y el torito suárez
café para siempre de los angelitos
carta de walsh al general videla
son treinta mil los desaparecidos
setenta balcones y ninguna flor

y por último el sur
donde están por supuesto
el río grande como mar enano
y el infinito océano voraz
y sin embargo
ya que montevideo es la capital
más austral del planeta
y el uruguay es un país
más de puño o corazón que de talega
digamos que en el sur
también está esperando
el tercer (nuestro) mundo
subdesarrollado y dependiente en todo
menos (deo gratias) en el buen amor
de modo que este sur
no es sólo un cardinal

o una frontera fija
o linde histórico
o huella colonial
también es/somos nosotros
hombres mujeres árboles praderas
naranjas niños esperanzas puentes
todos
(de norte a sur y de este a oeste)
el sur desafinado
el sur de pueblo
el sur a descifrarse
el sur futuro

CIUDAD HUELLA

CIUDAD HUELLA

Otro regreso aguarda
las nubes pasan crecen
mi verano es tu invierno
y viceversa

pienso en las novedades
que encontré hace dos años
y que ahora serán
cosa sabida

a fines de setiembre
estaré en tus olores
ciudad viento
respiraré tu noche
ciudad luna
tocaré tus heridas
ciudad sueño

pienso en tus puertas y balcones
duchos en caras nuevas
tu cantero de viles
tu follaje de justos

dentro de algunas horas
me acercaré a tus muertos
ciudad muerta

latiré en tus latidos
ciudad viva
pisaré mis pisadas
ciudad huella

LEJOS DEL MAR

Cuando despierto y estoy lejos
del mar que no me necesita
algo me falta en el futuro
y en la ventana y en el rostro

yo sé que el mar es tan eterno
como la muerte

el mar de olvido es como un tálamo
un prado inmóvil o batiente
un cieloabajo de olas nubes
un borrador del infinito

yo sé que el mar es tan avaro
como el silencio

cuando me duermo y estoy lejos
de las gaviotas de salmuera
sueño que el mar me abraza turbio
y en sus entrañas me abandona

yo sé que el mar es la respuesta
a nadie   a nada

TUTELAS

Soy observado
cuando abro la ventana y el sol vuelve
y pongo torpemente al día
mis ojos de la noche con la calle de hoy

cuando voy a la esquina
a comprar la tristeza del periódico
y espero distraído la luz verde
soy observado

cuando me encuentro en el café
con el amigo o los amigos o la amiga
y comentamos todo a diario abierto
soy observado atentamente

cuando miro la palma de mi mano
o despejo la niebla de mis lentes
o llamo inútilmente por teléfono
soy observado

no por mi trémula conciencia
ni por la sed de una memoria
ni por un prójimo llamado dios
ni por el búho del prejuicio

no como un sueño o un pecado
no como un mar o una frontera
soy observado atentamente
tan sólo como una costumbre

MALVENIDA

Aunque te prendan
en el pecho
medallas y su prez
tu culpa se demora
en algún ofertorio
y falta sin aviso
al agasajo

entre el follaje
o extramuros
las víctimas errantes
balbucean
con los ojos abiertos

tu culpa
no es disculpa
las velas que apagaste
volvieron a encenderse
y a duras penas
sirven
para tu malvenida

entre el follaje
o extramuros
las víctimas errantes
no consiguen
borrarte de sus muertes

MÁSCARA

Ahora me doy cuenta
el carnaval no te concierne
en cualquier mes o clima
buscas tu máscara y la usas

el carnaval es de los otros
tiene tu máscara un realce
privado / sólo tuyo

el carnaval delirio ajeno
dura unos días
llega y muere

tu máscara es en cambio
tu atributo invariable
tu universal carencia
tu larga duración

¿contra quién?
¿para quién?
¿en cualquier mes o clima?

tus labios son los de tu máscara
tus ojos son los de tu máscara
¿serás tu máscara?
serás / qué duda cabe

pero tu rostro no te olvida

COMO CANTOS RODADOS

Aunque cueste creerlo
la boca que convoca hacia el perdón
del asesino insustituible
es la misma que dijo
esa misma
la misma

a comenzar entonces
desde cero

el río como mar deja cadáveres
pero son / oh prodigio / de medusas
también la paz nos lame
en modestas olitas
somos felices como cantos rodados

en cada olvido está el recuerdo
en cada escombro brilla el sol
en cada vaina está la espada

no nos queda otra opción
que ser felices

las de los árboles que pierden
las del pregón y el almanaque
allá se van las hojas muertas

pero la boca que convoca
nos ha ordenado ser felices
y que los muertos díscolos
en su lugar
descansen

CAVILACIÓN DEL CENTINELA

Dicen predicen notifican
que esta quietud del aire
no consiente el olvido

que en cualquier bruma o duelo
puede avanzar el odio
hollando las cosechas calcinadas

miro a mansalva
cerca y lejos
harto de miedos y rebatos
trato de avizorar en la apariencia

aunque imagine pasos torpes
yo como un duende un emboscado
sigo los rastros cardinales
y nadie viene
y sé que vienen

agazapados en la niebla
en la cautela en el silencio
con las bengalas apagadas
los sé contiguos

¿atacarán? yo como siempre
patrullo a solas

sin embargo
mi salvaguarda sólo vale
si es la de todos

VIÑETAS DE MI VIÑEDO

CADA NOCHE

Cada noche es una noche
distinta de las demás
uno se duerme y sin más
del sueño emerge el reproche
cada noche es un derroche
de goce o de desconsuelo
se vuela en absurdo vuelo
pero si soñando a tientas
uno empieza a sacar cuentas
allí comienza el desvelo

LA FE

Culpable y convicto ¿qué
te pasa? ¿se fue el pasado
y resulta que has quebrado
las franquicias de la fe?
¿quieres saber el porqué?
mira / la fe es un azar
que tras mucho mendigar
viene o se va sin aviso
deja pues el paraíso
y húndete solo en el mar.

EL OLVIDO

El olvido no es victoria
sobre el mal ni sobre nada
y si es la forma velada
de burlarse de la historia
para eso está la memoria
que se abre de par en par
en busca de algún lugar
que devuelva lo perdido
no olvida el que finge olvido
sino el que puede olvidar

CARTA A UN JOVEN POETA

Me gusta que te sientas parricida
nos hace bien a todos

a vos
porque es una constancia
de que existís
enhorabuena

y a nosotros también
porque es un signo
de que estamos
o estuvimos
aquí

en cambio qué tristeza
sería para todos
que te sintieras
huérfano

CONFIDENCIAL

Fueron jóvenes los viejos
pero la vida se ha ido
desgranando en el espejo

y serán viejos los jóvenes
pero no lo divulguemos
que hasta las paredes oyen

HISTORIA DE UNA PERA*

a Clarina Vicens

Esta pera de pájaros pintados
como el río de nuestro nacimiento
encomienda sus huéspedes al viento
y se atiene a los obvios resultados

los pájaros / ni cortos ni sagrados
transfiguran la pera en su alimento
y uno solo regresa sin aliento
a pagar con semilla sus bocados

clarina / más confiada que paciente
se queda del nuevo árbol a la espera
hasta que éste se eleva confidente

y le pide en secreto / a su manera
que reanude ese ciclo permanente
y colme de otros pájaros la pera

* Este soneto alude a *Historia de una pera*, carpeta de pinturas de Clarina Vicens.

VIÑETAS DE MI VIÑEDO

1
Todo sigue en su sitio
lo de arriba allá arriba
lo de abajo aquí abajo
ay qué monotonía

2
La nieve pone fundas
blancas sobre las blancas
blanquísimas angustias

3
Si a dios amas sobre todo
prescinde de que él te ame
no pidas peras al olmo

4
Señor si tú me creyeras
cuando digo que no existes
seguro que sonreirías
flotando en tu nada triste

5
Lo que quieren los suicidas
es confiscarle a la muerte
algunos palmos de vida

6
La muerte llegó gratuita
a eso de la medianoche
no son horas de visita

7
Humor de montevideo /
al lado del camposanto
una empresa que fabrica
papeles parafinados

8
Lo mejor del carnaval
es que te pones tu rostro
y nadie lo va a notar

9
Agravios dan escozores
pero al cabo de un semestre
me aburro de mis rencores

10
El sueño que se repite
nos da ganas de soñar
para saber cómo sigue

11
En menos que canta un gallo
pasó de siniestro a diestro
mejor es no meneallo

12
Siempre me miro en tus ojos
y si en mis ojos te miras
todo queda entre nosotros

13
Cada vez que te enamores
no expliques a nadie nada
deja que el amor te invada
sin entrar en pormenores

14
Privilegios de la cama
en ella se nace y muere
se sufre se sueña y ama

15
Se terminó el asedio
del invierno a destajo
del reló y el trabajo

ya no tengo remedio
tan sólo tedio

16
Usted señor transeúnte
y forastero quizá
si no sabe adónde va
a mí no me lo pregunte

17
Afable se hace mi voz
con el tira que me espía
buenas noches nos dé dios
mañana será otro día

18
En el todo y el detalle
en las vueltas del camino
y en las sombras de la calle
¿quién que es / no es clandestino?

19
Se le corrió la peluca
y por eso ya no mira
con los ojos de la nuca

20
Aquí te dejo las rimas
aprende a bien colocarlas
después si quieres las tiras

21
El llanto más doloroso
es el que no tiene lágrimas
por más que uno se emborrache
de tragarlas y tragarlas

22
Capricho del fuero interno
caso de fuerza mayor
la primavera es mejor
mirada desde el invierno

23
Mi verano no fue eterno
ni duradero siquiera
y además mi primavera
otoñó con tanto invierno

24
La floresta   la manigua
y la arboleda son verdes
porque son ecologistas

25
Usaba el profe quevedos
en la nariz respingona
y sin embargo enseñaba
las soledades de góngora

IL CUORE

WHEN YOU ARE SMILING

When you are smiling
ocurre que tu sonrisa es la sobreviviente
la estela que en ti dejó el futuro
la memoria del horror y la esperanza
la huella de tus pasos en el mar
el sabor de la piel y su tristeza

when you are smiling
the whole world
que también vela por su amargura
smiles with you

IL CUORE

Ya nadie graba
en las paredes
en los troncos
    luis y maría
        raquel y carlos
            marta y alfonso
junto a dos corazones
enlazados

ahora las parejas
leen esas vetustas
incómodas ternuras
en las paredes
en los troncos
y comentan
    qué ñoños
antes de separarse
para siempre

EPIGRAMA

Como esplende un sesentón cuando logra vencer por dos
      pulgadas al bisoño que intentó conseguir el único
      asiento libre

como bienquiere el contribuyente silvestre a la cajera
      número cuatro en el momento de enfrentarla tras
      dos horas de cola

como acoge el deudor la noticia de que ha fallecido su
      acreedor más implacable

como suele compungirse la buena gente si el locutor no
      advierte a tiempo la traicionera errata que lo
      acecha en el cable llegado a última hora.

como el prójimo que permanece enjabonado bajo la
      ducha a causa de un corte imprevisto y al cabo de
      tres minutos se solaza al advertir que el agua vuelve
      a manar sin usura

como el chofer que se reconcilia con la vida tras esquivar
      limpiamente un desbocado camión con tres
      containers

como el adolescente que ama los decibeles más que a sí
      mismo

así   trifena mía   aproximadamente así suelo quererte

MEDIOS DE COMUNICACIÓN

No es preciso que sea mensajera /
la paloma sencilla en tu ventana
te informa que el dolor
empieza a columpiarse en el olvido

y llego desde mí para decirte
que están el río el girasol la estrella
rodando sin apuro /
el futuro se acerca a conocerte

ya lo sabes / sin tropos ni bengalas
la traducción mejor es boca a boca
en el beso bilingüe
van circulando dulces las noticias

INFORME SOBRE CARICIAS

1

La caricia es un lenguaje
si tus caricias me hablan
no quisiera que se callen

2

La caricia no es la copia
de otra caricia lejana
es una nueva versión
casi siempre mejorada

3

Es la fiesta de la piel
la caricia mientras dura
y cuando se aleja deja
sin amparo a la lujuria

4

Las caricias de los sueños
que son prodigio y encanto
adolecen de un defecto
no tienen tacto

5

Como aventura y enigma
la caricia empieza antes
de convertirse en caricia

6
Es claro que lo mejor
no es la caricia en sí misma
sino su continuación

CADA CIUDAD PUEDE SER OTRA

los amorosos son los que abandonan,
son los que cambian, los que olvidan.

JAIME SABINES

Cada ciudad puede ser otra
cuando el amor la transfigura
cada ciudad puede ser tantas
como amorosos la recorren

el amor pasa por los parques
casi sin verlos pero amándolos
entre la fiesta de los pájaros
y la homilía de los pinos

cada ciudad puede ser otra
cuando el amor pinta los muros
y de los rostros que atardecen
uno es el rostro del amor

el amor viene y va y regresa
y la ciudad es el testigo
de sus abrazos y crepúsculos
de sus bonanzas y aguaceros

y si el amor se va y no vuelve
la ciudad carga con su otoño
ya que le quedan sólo el duelo
y las estatuas del amor

PREGUNTAS AL AZAR

1986

a luz
este brindis
por el regreso

Le hasard c'est peut-être le pseudonyme
de Dieu, quand il ne veut pas signer.

ANATOLE FRANCE

Amigo, tú de cara demudada.
¿Qué haces tú preguntando
por ti mismo?

LÍBER FALCO

NOTA

Los ochenta poemas y canciones que integran este libro fueron escritos en su casi totalidad durante 1984 y 1985. Los dos únicos textos anteriores son: "Homenaje", publicado en 1982 con motivo de los ochenta años del poeta cubano Nicolás Guillén, y "La acústica de Epidauros", proveniente de mi novela *Primavera con una esquina rota*, publicada también en 1982.

El volumen incluye asimismo varias letras de canciones. "Ésta es mi casa" y "Lento pero viene" han sido musicalizadas por Alberto Favero e integraron el repertorio de Nacha Guevara. Las diez canciones de *El sur también existe* fueron especialmente escritas para el disco, así titulado, de Joan Manuel Serrat.

Tanto en el caso de Favero como en el de Serrat, las letras musicalizadas suelen tener como antecedente poemas anteriores, pero al adoptar la forma de canciones debí efectuar cambios sustanciales en su texto, en su extensión o en su estructura. Es en razón de esas variantes que también figuran en este nuevo libro.

Por último, "Botella al mar" es la nueva versión de otro poema, así titulado pero mucho más breve, publicado en 1979.

M.B.

EXPECTATIVAS

VIAJO

Viajo como los nómades
pero con una diferencia
carezco totalmente
de vocación viajera

sé que el mundo es espléndido
y brutal

viajo como las naves migratorias
pero con una diferencia
nunca puedo arrancarme
del invierno

sé que el mundo es benévolo
y feroz

viajo como las dóciles cometas
pero con una diferencia
nunca llego a encontrarme
con el cielo

sé que el mundo es eterno
y agoniza

TODO ESTÁ LEJOS

Todo está lejos
pero es un modo de decir
en realidad no tengo patrón universal
para medir cercanos y remotos

los bienaventurados se escabullen
detrás de nieblas o de muertes
los bienodiados zarpan o sonríen
con esa impunidad que da el rencor

todo está cerca
pero es un modo de decir

no me atrevo a tocar a la contigua
a pesar de la piel que me reclama

soy tres o cuatro islas
pero no un archipiélago
un exorcismo sin demonio
un halo sin bendito

todo está lejos
yo mismo empiezo a estarlo
colgado del penúltimo horizonte
ese trapecio que no tiene red

todo está lejos
pero es un modo de decir

en mi mejor historia
ha habido lontananzas a granel
y mi experiencia dice
que lo remoto a veces se aproxima

EXPECTATIVAS

Ahora tengo fecha
las preguntas y dudas convocadas
son formas de nacer en lo nacido

he quedado en suspenso
lo espero todo y ya no espero nada

sé que no soy el mismo y soy el mismo
cuando al fin se abra la muralla
la primera nostalgia entrará lentamente
con cuidado infinito y con un bastón blanco

COSAS A HALLAR

Hallaré a tantos
como se proponga
la piel de mis quimeras

hallaré los presagios de los jóvenes
los años ya sin fondo de mi madre
todo el pasado y sus señales de humo

hallaré la pobreza y las miradas
las esquinas del viento y del amor
los lugares comunes
y los extraordinarios

hallaré el mar filtrado por los pinos
la lucha hecha salitre y abandono
el ámbito de sol
el desolado

queda por ver lo que hallaré escondido
tras de los muros o entre las cenizas
y lo que no hallaré de ningún modo

faltarán muchos
tantos
que no darán abasto
las fábricas de olvido

EL PUENTE

Para cruzarlo o para no cruzarlo
ahí está el puente

en la otra orilla alguien me espera
con un durazno y un país

traigo conmigo ofrendas desusadas
entre ellas un paraguas de ombligo de madera
un libro con los pánicos en blanco
y una guitarra que no sé abrazar

vengo con las mejillas del insomnio
los pañuelos del mar y de las paces
las tímidas pancartas del dolor
las liturgias del beso y de la sombra

nunca he traído tantas cosas
nunca he venido con tan poco

ahí está el puente
para cruzarlo o para no cruzarlo
yo lo voy a cruzar
sin prevenciones

en la otra orilla alguien me espera
con un durazno y un país

PREGUNTAS AL AZAR (1)

¿Dónde está mi país?
¿junto al río o al borde de la noche?
¿en un pasado del que no hay que hablar
o en el mejor de los agüeros?
¿dónde?
¿en la desolación de la memoria?
¿en el otoño de la gracia
o en el oasis de los quietos?
¿en los ahora libres calabozos
o en las celdas de fantasmas asiduos?
¿dónde está mi país?
¿en las manos abiertas y aprendices
o en los muñones del remordimiento?
¿simplemente en el sur?
¿en qué pronóstico o escape?
¿en qué repliegue del dolor?
¿lo llevo acaso en mí?
¿me espera en sueños?
¿en qué sueños?
¿dónde está mi país?
¿debajo de qué nube?
¿sobre cuántos despojos?
¿metido en qué fragores?
¿lindante con qué alivios?
¿rostro en qué piedra o ciénaga?
¿crepitando de enigmas?
¿incontable de amores?
¿asceta en qué triunfo?
¿pulso de qué candombe?
¿postergado en qué olvido?
¿dónde está mi país?
¿seré sordo a su viejo cuchicheo

o ciego ante el tizón de sus crepúsculos?
¿dónde está? ¿o estará?
¿en qué rincón o pedacito
de miedo poco ilustre?
¿en qué grito o clarín?
¿en qué alma o almario?
¿dónde?
¿en la atroz misericordia
o en la plena sustancia?
¿en qué muralla o huerto?
¿en qué alcurnia o tinglado?
¿en qué tango o campana?
¿dónde?
¿no cesaré jamás de preguntarlo?
¿nunca vendrá a mi encuentro?
y si viene
¿con quién?
¿dónde está mi país?
¿en qué destino o alucinación?
¿en qué nido de hornero?
¿o de víbora?
¿o de ángeles?
¿en qué altivez de faro tenue?
¿dónde?
¿en la frontera del teléfono?
¿en la parcela de la suspicacia?
¿socio de la quimera?
¿partido en dos?
¿o en tres?
¿callado?
¿dulce ya de alaridos?
¿extenuado de tránsitos?
¿dónde está mi país?
¿en el invierno?
¿en la casi agobiante
tensión de la esperanza?
¿en la alegre pesquisa de los niños?
¿en el clavel de la amnistía?

¿en las deudas de gulliver?
¿en las huellas del pánico?
¿está en los que no están?
¿en el montón de la penuria?
¿en los umbrales y fogones?
¿en el incandescente laconismo de ibero?
¿en la muerte incurable de zelmar?
¿en el enjambre que irrumpió en la calle?
¿en el felón impune?
¿dónde?
¿en el pan que amanece
pese a todo?
¿en la bondad endémica?
¿en el regreso de los nietos pródigos?
¿en los que vienen a morir en casa?
¿en los que nacen desvalidamente?
¿dónde?
¿dónde está mi país?
¿será que estuvo
está conmigo?
¿que viene y va conmigo?
¿que al fin llega conmigo
a mi país?

RESCATES

AQUÍ

Lo reconstruyo todo   signo a signo
y así me reconozco todavía
en estas calles que caminan lentas
por el otoño tantas veces dicho

lo bueno es la tristeza repentina
el sortilegio ante un postigo verde
andar al sol como un convaleciente
mirarlo todo   respirarlo todo

cuelgo la soledad en el perchero
y ella me mira con sus ojos pardos
entonces me conmueve y la descuelgo
y la llevo conmigo a conocerme

pues andar por las calles es saberme
es admitir que soy de esta bicoca
aquí pasé vestido por la infancia
desarropado por edades varias

aquí aprendí a leer todos los símbolos
aquí aprendí a volar y a derrumbarme
a cantar para adentro *mano a mano*
malena y *bandoneón arrabalero*

aquí tuve mis nieblas mis garúas
un teléfono harto de amenazas
la magia de los jóvenes y un tira
que me fotografiaba escrupuloso

aquí fui réprobo violento tierno
fueron conmigo tiernos y violentos
tengo puertas de amor   ventanas de odio
bocas que ultrajan o que besan

aquí no me aburrí   viví sin tedio
nunca me empalagué de esta dulzura
las olas de tristeza me anegaron
pero sobreviví como dispensa

aquí naciente aquí tan existido
tan crónica de siempres y jamases
conozco sus alertas como halagos
sus salvaguardias como tapias

aquí del mar   aquí de la pradera
aquí del pobre   aquí de la osadía
aquí visto de allá   tan impreciso
aquí visto de aquí   tan transparente

revivo aquí con esperanza y duelo
me reconstruyo aquí y me reconozco
en estas calles que caminan lentas
por el otoño tantas veces dicho

VOLVER LA PÁGINA

Es mi lugar
mi cielo
mi almohada
mis insultos

soy el que soy porque los otros son
hay una historia en cada amanecer
y en cada transparencia del crepúsculo

estuve doce años sin volver esta página
esperando su letra sus estampas
imaginando cosas que no dice
pero que eran igualmente ciertas

sin volver esta página
nadie puede ser alguien

puede sumar paisajes
rascacielos torrentes
muchedumbres fronteras
puede coleccionar amores y sabores
aplausos y abucheos
manjares y limosnas
los rumbos los atajos
las diferencias las indiferencias
la solidaridad y el exorcismo

las ofertas sabrosas los escándalos
los dedos que señalan y los brazos abiertos
los escarmientos y las recompensas
los portazos y las convocatorias

y sin embargo es cierto
sin volver esta página
nadie puede ser alguien

RESCATES

muriendo de costumbre
y llorando de oído

CÉSAR VALLEJO

Este regreso no era obligatorio
sin embargo
la mano encuentra su cuchara
el paso su baldosa
el corazón su golpe de madera
el abrazo su brazo o su cintura
la pregunta su alguien
los ojos su horizonte
la mejilla su beso o su garúa
el orgullo su dulce fundamento
el pellejo su otoño
la memoria su rostro decisivo
los rencores su vaina
el reloj su lujuria tempranera
el dolor su no olvido o su neblina
el paladar sus uvas
el loor su desastre
la nostalgia su lecho

o sea
perdón vallejo
aquí estoy otra vez
viviendo de costumbre
celebrando de oído

AGUACERO

La calle brilla para la ocasión
llueve sobre mis nervios bienvenidos
el aguacero me repara
no sé qué lava en mí
tal vez siluetas o intenciones

llueve australmente
sin barruntos
sin desdén y sin cálculo
y las gotas que purgan los cristales
e inundan miserable el arrabal
son las gotas de siempre
hijas o nietas de otras lluvias
que chapotearon mis zapatos
un mayo y un agosto
hace mil años

mi paraguas se abre a duras penas
es un paraguas alemán
un knirp
hecho para los duros chaparrones de münchen
y no para esta ducha
eterna encubridora
que reza anhelos mientras cae
canta milongas mientras fluye
hace reproches
moja excusas
dice un pregón sobre las latas
y apaga el eco en los charquitos

llueve de veras
con cadencia propia
por eso se rehace la nata de basuras
esa que roza todas las veredas
y va enseñando sus prodigios
hasta el desagüe o infortunio

el acullá estará reseco
habrá neptunos con la lengua afuera
parvas sedientas
saña sin oasis
terrones como piedras o verdugos

pero aquí el cielo se derrama
llueve por las junturas del ocaso
desde las copas de los plátanos
con las sirenas de los barcos
llueve corriendo y recorriendo
los toboganes de las tejas
regando a baldes
o llorando a ríos

mi lluvia es ésta
la descalza
la venerable del peldaño
la desigual del adoquín
la que se escurre entre los tristes
y hace sus propios socavones
la del silencio con goteras
la de quebrantos de cebolla
después de todo la que suelta el frío
y forma el barro de la patria

CON LOS OBJETOS

Hay los objetos consabidos
otros recién llegados   pero todos
se mueven en su estante   buscan sol
igual que en otros tiempos

yo también busco sol
tranquilo en mi anaquel
alguien vendrá con un plumero
para dejarnos presentables

las paredes observan   no se entregan
arriman cuadros y almanaques
tienen vergüenza   cambian de color
descascaradas hacen lo que pueden

descascarado yo también arrimo
mis prevenciones y otras naturalezas muertas
en un clavo vacante las cuelgo desparejas
luego las enderezo por las dudas

sobresaltado el mundo me hace signos
más allá del cristal y las cortinas
no es hora de tañir las reflexiones
sino de buscar sol   yo y los objetos

y llega el sol por fin   más amarillo
o más blanco o más verde o más naranja
que el de mis doce últimos años y desengaños
llega el sol y me entibia la mejilla el oído

hay polvo en el ambiente   y una mosca
estornudo y la espanto para siempre
hay sillones con nadie
hay un silencio diferente y sordo

me levanto   camino   oigo mis pasos
como un eco de mis pasos de ayer
cuánta sombra ha pasado   cuánto asco
cuánta melancolía   cuánto espejo

como bebo mastico   paladeo el sabor
disfruto aquel en que crecí hace siglos
hago crujir el pan   deslizo el dulce
saboreo las claves del regreso

ESE HILO DE VOZ

Cada uno es de un sitio
pero un sitio no es sólo maravillas
sino también horrores
y carencias

en la calle
en el quiosco
en el mercado
la buena gente es pobre y generosa
tiene la billetera sin billetes
pero en el corazón corazonadas

casi no se habla del pasado estéril
lo venidero acopia recelos y confianzas
los postigos se abren a deshora
para mirar a los que llegan
con su rubor de intrusos

el horror no está hecho de pregones
es simplemente un aire que circula
un antiguo bramido que ahora es bocanada
de memoria marchita
de tristeza

el horror es un túnel insondable
que asoma en las miradas
o hace temblar las manos
o envenena el suspiro

es la piel humillada
un escombro tangible
un insomnio de sangre
una quimera
tan primorosamente real que casi duele

el horror es un coro
de voces remotísimas

las carencias en cambio
se advierten en la calle
se agitan en pancartas y clamores
son marcas del harapo
estelas del mendigo
referencias del hambre

las carencias indagan
encuentran responsables
y los acusan perentoriamente

todos hablan
hablamos de carencias
hasta volvernos sordos
de pudor y de rabia

quizá para que nadie
reconozca o escuche
ese hilo de voz que es el horror

LOS LIBERADOS

Los encuentro felices luminosos
incrédulos lozanos
no saben todavía qué hacer con este mundo
que los mira pasar o los recibe
con asombro y con lágrimas

sus cuerpos tienen señas para siempre
su mirada es un pozo
de dolor comprendido a duras penas

todavía sus ojos no se abren
de par en par
apenas son resquicios
que no entregan
que buscan
que proponen

son diez años más viejos
y más jóvenes
diez años de castigos y de juegos
con el muro y sus manchas
odios descabezados
amores en las largas noches de ojos abiertos
proyectos tumultuosos e imposibles
el pájaro de todos
la jornada sin nadie

los encuentro tan tiernos y tan ásperos
tan lejanos de pronto
y tan contiguos
tan orgullosos de su nuevo pelo
de su flamante voz y sus camisas

de sus lecturas y sus escrituras
que me parecen luces de otra fiesta
cual si su sol fuera otro sol
y el tiempo
para ellos corriera en otro ritmo
en otra esfera
en otros almanaques

son diez años más torpes y más duchos
diez años de martirios y de oráculo
diez años sin espejo

todavía no hacen buenas migas
con ese viejo rostro familiar
no están acostumbrados a unos gestos tan suyos
ignoran cómo son para los otros
y acaso cómo son para sí mismos
pero en cambio conocen
y al cabo de este trecho ya no importa
todos los vericuetos del rencor desolado

los encuentro puntuales y rehechos
con su verde reserva de delirios
con la asunción corriente de su cuerpo
los sueños de cualquier resucitado
el cigarrillo que no se podía

los hallo temerarios y de estreno
con el viejo coraje hecho un ovillo
y un mar de expectativas
organizadas en el horizonte

FRANJAS REHENES

En mi ciudad hay varios espantos invisibles
pero también existen los visibles
el más de todos es un monumento
que planearon levantaron
y sobre todo inauguraron
los desenfados del poder

desde lejos podría tomarse por un dolmen
de más lejos aún por un menhir
ah pero desde cerca es un pleonasmo
una tabarra una matraca
un baldón chantapufi
una blasfemia
una manía contra la bandera

ella se abraza al asta de cemento
¿dónde se ha visto un asta de cemento?
como una bufanda irremediable
y el rugoso la veja la escarnece
en cada nueva ráfaga la humilla
la arrolla enfurecido y la despliega
así hasta hacer que de sus nueve franjas
queden tan sólo siete o seis y media

por si todo eso fuera poco
el espantajo tiene alas
más bien paletas de cemento

no es una ofensa es un sepelio
una mortaja a la bandera
cuando no hay viento se retrae
y cuando llueve llora y pide

que no la dejen
sola y cautiva

claro que no
estamos haciendo
una pancarta de amnistía
para las nueve pobres franjas
las nueve franjas azotadas
tan corajudas
tan rehenes

INFANCIAS

Cuando me fui eran chiquilines
tenían un rabioso
alrededor de púas
la racha intransigente les quitaba
padres tíos maestras

eran gurises de ojos grandes despabilados
que contemplaban en silencio
las encerronas las caídas
las levantadas los adioses

entierro tras entierro
fueron y regresaron
asidos a las manos de los sobrevivientes
así fue que empezaron a conocer temprano
nudillos en la puerta
nudos en la garganta
la obligación de no llorar
ser los leprosos de la clase

eran botijas de otra infancia
sin julio verne ni salgari
pero eso sí con excursiones
quincenales a ver barrotes
a ver barrotes con caricias
besos volados y pañuelos

eran gurises de otra infancia
con menos padres de lo programado
con abuelas y abuelos más o menos transidos
de asumir la penumbra
infancia de otros juegos taciturnos
y tardes largas sin explicaciones

cuando me fui eran pibes
si bien callaban las preguntas
se despertaban preguntándose
por qué encerronas
por qué autopsias
por qué no están
por qué la madre

cuando me fui eran niños
hoy han crecido con las calles
con los plurales
con la bronca

son hombres y mujeres cuerdos
que escriben cartas y hacen hijos
y en los estadios y en las plazas
cantan al aire casi libre
como los perros a la luna
pero en la noche sacan cuentas
y duermen con un ojo abierto

quizá entre todos les debemos
la infancia que no disfrutaron
la gloria gratis de ser niños
sin la cabal noción de serlo

ser niños solamente eso
con madres y con tíos y maestros
madrinas y padrinos
la infancia sin prisiones
sin fotos en los diarios
sin entierros ni nubes
de sorpresa o de duelo

ahora son adultos
escasamente adultos
y pueden preguntarnos
a los abuelos pródigos

cómo es eso
el exilio
cómo fueron los años iniciales
la ruptura
con tantas cosas tantas
qué ruinas olvidamos
qué suertes aprendimos
que si volvemos
que si volveremos
del todo o sólo en partes

pero en el fondo la pregunta clave
es justamente la que no formulan
cómo era la infancia indiscutible
la nuestra
la viejísima
la apolillada de los años veinte
la desteñida de los treinta
cuando había domingos y padres y maestras
y tíos y madrinas

y cumpleaños del viejo y ravioladas
y la playa de todos y el estadio

y la palabra cárcel
era apenas la historia de un lejano
conde de montecristo

LA MADRE AHORA

Doce años atrás
cuando tuve que irme
dejé a mi madre junto a su ventana
mirando la avenida

ahora la recobro
sólo con un bastón de diferencia

en doce años transcurrieron
ante su ventanal algunas cosas
desfiles y redadas
fugas estudiantiles
muchedumbres
puños rabiosos
y gases de lágrimas
provocaciones
tiros lejos
festejos oficiales
banderas clandestinas
vivas recuperados

después de doce años
mi madre sigue en su ventana
mirando la avenida

o acaso no la mira
sólo repasa sus adentros
no sé si de reojo o de hito en hito
sin pestañear siquiera

páginas sepias de obsesiones
con un padrastro que le hacía
enderezar clavos y clavos
o con mi abuela la francesa
que destilaba sortilegios
o con su hermano el insociable
que nunca quiso trabajar

tantos rodeos me imagino
cuando fue jefa en una tienda
cuando hizo ropa para niños
y unos conejos de colores
que todo el mundo le elogiaba

mi hermano enfermo o yo con tifus
mi padre bueno y derrotado
por tres o cuatro embustes
pero sonriente y luminoso
cuando la fuente era de ñoquis

ella repasa sus adentros
ochenta y siete años de grises
sigue pensando distraída
y algún acento de ternura
se le ha escapado como un hilo
que no se encuentra con su aguja

cómo quisiera comprenderla
cuando la veo igual que antes
desperdiciando la avenida

pero a esta altura qué otra cosa
puedo hacer yo que divertirla
con cuentos ciertos o inventados
comprarle una tele nueva
o alcanzarle su bastón

PARAÍSO

Qué suerte haber vivido
para traer conmigo la confianza
la eternidad caduca
la infancia sin aurora
la penitencia que es un oropel
la poca gloria   esa noticia
que es anticipo del olvido

qué suerte haber llegado
a tiempo para andar en este mayo
afluente de la paz o la congoja
prolegómeno tibio merecido
de otra quietud que espera
sin juicio ni prejuicio
finales
infalibles

qué suerte haber usado
aquel chorro de tiempo
errante y esparcido
para limpiar el cráneo
de vanidades y adherencias
y rescatar el amor náufrago
ese que no reclama juramentos ni pétalos

qué suerte haber sabido
que el sol espera   que la lluvia espera
que los ojos esperan o esperaban
que el impulso las alucinaciones
los cipreses las manos el vacío
el ceño las palomas el oleaje
esperan o esperaban

qué suerte haber hallado
el plato de mis uvas
la piel de mis jadeos
la expectativa del atardecer
el orgullo sin mármol
la esquina de nosotros
en fin el insolvente paraíso

JUEVES DE IMPRENTA

para presentes y ausentes
de Marcha / Brecha

Son incontables jueves
de babel y galeras
de berrinches con sorna
de gritos en el cielo
de orden y de caos
de clisés que no llegan
de asedios no oficiales

son muchos años jueves
de propaganda exigua
de dedos entintados
de pequeñas traiciones
de invisibles lealtades
de opiniones sin dádiva
de máquinas de estruendo

son muchos miedos jueves
con gravosas franquezas
horrores en recuadro
riesgo a cinco columnas
teléfonos de odio
corazón en la boca
presagios sin amén

son muchos nombres jueves
que no voy a nombrar
salvo al jefe don carlos
con honor sin honores
siempre en camisa blanca

313

escribiendo allá arriba
con su letra imponente

son muchas sombras jueves
que estaban y no están
descoyuntadas ágiles
amargas y jocundas
memoriosas y llanas
rebeldes y tiernísimas
almas a quemarropa

muchos cíceros jueves
matrices planchas tipos
estropeados vetustos
con erratas y achaques
ufanos de medir
verdades y bochornos
opciones y certezas

son muchas cumbres jueves
de gracia y optimismo
y quijano que urgía
cordura a contrapelo
para despabilarnos
y que no confundiéramos
espejismo y oasis

es mucho taller jueves
mucho azar transcurrido
muy largo aprendizaje
como para dejarlo
así nomás inmóvil
y no hacerlo aventura
y resguardo y noticia

PAÍS DESPUÉS

LAS ACTAS DEL RENCOR

Poco a poco el rencor me va invadiendo
animaliza mi ánima lisa
me presta garras iras maldiciones
me sobresalta la paciencia boba
me pule el odio como para buitres
me pone en ascuas y ascos

abro el libro y aprendo
la historia del rencor   sus pormenores
sus pautas y posibles desarrollos
sus heredados instrumentos

sin embargo me espera una sorpresa
cuando cierro el breviario
me queda entre las manos
un borde desalmado y desarmado
un rastro que me aburre
sin prestigio y sin médula

entonces me reduzco a lo que soy
vacío de herramientas culturales
cierro los ojos   pero
qué voy a hacer
no sueño con perdones

PASARON NUEVE AÑOS

Bueno zelmar
pasaron nueve años
y las bisagras del país se quejan
rechinan dulcemente

nadie va a preguntar
cosas sabidas

quién no conoce
la patria de tu muerte
el resplandor

quiero decirte
aunque te lo figures
que estás en cada pulso
en cada suerte

que rafael
te está dejando bien
en general la gente
te está dejando bien

pero siempre hay alguno
veterano o tiernito
que en los momentos claves
dice

como un ensalmo
si zelmar estuviera

nueve años
y las bisagras del país se quejan
rechinan dulcemente

nadie va a preguntar
cosas sabidas
pero cuántas preguntas
cuántas buenas preguntas
si estuvieras

ESTOS Y OTROS MENDIGOS

Todo el mundo lo admite
antes no había
y ahora nos asombra que aparezcan
en la calle en el quiosco en las esquinas
concurran a las puertas a los timbres
al olor a churrasco y a café

llegan con una extraña dignidad
sin llagas desahuciadas ni muñones
ni infantes de chantaje o de mentira
sin puta vocación de ser mendigos

no claman por monedas
acostumbradamente tienen hambre
dicen que pan bocados algo
pero al dejar constancia no se humillan
no pierden el respeto de sí mismos

tan sólo tienen hambre y no es vergüenza
decir que pan bocados algo
y mejor todavía si es trabajo
tienen hambruna de faenas
saben que no hay vacantes
pero igualmente están
famélicos de ocio
ansiosos de jornales
vacíos sin embargo de rencor

la obstinación la llevan
como si fuera una corbata gris
esas que nadie nota
dicen que pan bocados algo

consuelo no reclaman
sólo al presente aspiran

tienen sus opiniones sobre el tiempo
y sobre el fondo monetario
y sobre las virtudes teologales
pero no las prodigan
no desmenuzan nada salvo el pan
si lo tienen

hablan lo estrictamente innecesario
para que la abundancia los entienda
no los inscriba en la piedad
dicen que pan bocados algo
el flan puede llegar a ser una quimera
el dulce de zapallo una utopía
la comprensión una galaxia

para los ricos de solemnidad
esta gratuita bancarrota es nada
la privación un tris
la penuria una mosca
el hambre una historieta

es cierto   antes no había
o quién sabe
si no eran otros los menesterosos
los oportunos mendicantes
los pordioseros de poder

esos que por la noche flagelaban a escote
para hacer boca y méritos

no eran pobres de espíritu
no arrastraban consigo la miseria
sólo eran miserables
y no es poco

ésos no piden hoy mendrugos ni disculpas
saben que no hay vacantes
ni en el escalafón ni en la memoria

tan sólo sueñan ocasionalmente
que acuden a una puerta
y ésta se abre fantasmal
y alguien   una muchacha
dice quiero vivir
quiero otra vez vivir

y ellos se mueren de miseria
no tienen más remedio que morirse
sin decir pan bocados algo
sin decir nada hasta que se despiertan
para seguir muriendo
aunque no mueran

DETRÁS DEL HUMO

Detrás del humo estamos todos
saciados o anhelantes
diezmados o furtivos
los jóvenes que fuimos
y sorprendentemente ya no somos
los horizontes tan cercanos
los hombros que se encogen
la espiral que fue círculo
los por entonces libres
y hoy solamente dueños
los desafíos y la gracia
la sumisión y el descalabro
el primer territorio
libre de matemáticas
el espejismo de la lluvia
los anticuerpos de la pena
y aquel instante decisivo
la confortable dulce medianoche
o el riesgo de ser riesgo

en una u otra juventud
atardeceres como esponjas
esa baraja del amor
árboles como biombos
martirios en teoría
rostros que sin quererlo se dibujan
y nunca más pueden borrarse
pánicos que no eran
otra cosa que sueños
y sueños que no eran
otra cosa que sueños

detrás del humo estamos todos
precisamente cuando
creíamos hallar
las huellas imposibles
el mensaje cifrado
la luna ojo de dios

en una u otra juventud
entonces no sabíamos
que eran tan distintas
que se trataba de una extraña
bifurcación   un tímido reparto
el garfio para algunos
para otros el guante
para unos pocos la mano desnuda

detrás del humo
todo está indócil todavía
tiene la turbiedad de lo pasado

detrás del humo queda el borrador
de todos los destinos
posibles
e imposibles

y pensándolo bien
así imperfecta

a trazos
con erratas borrones tachaduras
así de exigua y frágil
así de impura y torpe
incanjeable y hermosa
está la vida

PAÍS DESPUÉS

Después de tanta quietud tanto silencio
el país gira como un trompo
llega a la orilla de las decisiones
de las falencias y del optimismo
cada uno lleva su ramillete de ganas
y lo arroja al río grande como mar
en homenaje a los que quedaron en la ruta

después de tanta alucinación tanto revuelo
el país habla sin modorra y sin mordaza
llega a la historia con enorme cautela
y pone nuevos puntos sobre atávicas íes
cada uno afina así sus desalientos
y los suelta en el aire de la noche cóncava
en homenaje a los que quedaron en la ruta

después de tanta palabra tanta sangre
el país no ha perdido el afán de mirarse
llega al espejo como a un país alterno
pregunta por las fronteras y los jazmines
cada uno trae algún sueño vedado
y lo deja flotando en las primeras luces
en homenaje a los que quedaron en la ruta

después de tanto aprendizaje en rebeldía
el país quisiera enseñar algo a alguien
pisa el futuro agitando destrezas
se informa sobre precios y consignas
y en fin cada uno inventa nuevos derroteros
cavilaciones esperanzas coraje
en homenaje a los que quedaron en la ruta

CHAU PESIMISMO

Ya sos mayor de edad
tengo que despedirte
pesimismo

años que te preparo el desayuno
que vigilo tu tos de mal agüero
y te tomo la fiebre
que trato de narrarte pormenores
del pasado mediato
convencerte de que en el fondo somos
gallardos y leales
y también que al mal tiempo buena cara

pero como si nada
seguís malhumorado arisco e insociable
y te repantigás en la avería
como si fuese una butaca pullman

se te ve la fruición por el malogro
tu viejo idilio con la mala sombra
tu manía de orar junto a las ruinas
tu goce ante el desastre inesperado

claro que voy a despedirte
no sé por qué no lo hice antes
será porque tenés tu propio método
de hacerte necesario
y a uno lo deja triste tu tristeza
amargo tu amargura
alarmista tu alarma

ya sé vas a decirme   no hay motivos
para la euforia y las celebraciones
y claro cuandonó tenés razón

pero es tan boba tu razón tan obvia
tan remendada y remedada
tan igualita al pálpito
que enseguida se vuelve sinrazón

ya sos mayor de edad
chau pesimismo

y por favor andate despacito
sin despertar al monstruo

DIÁLOGO CON LA MEMORIA

Las calles están muertas padecidas
la soledad se atreve al resplandor
alguien sabe quién es pero lo oculta
no sólo las gargantas tienen rejas
la primavera a veces huele a invierno
el pasado está aquí con sus gemidos
el futuro está aislado   es un remoto
todo se disemina como el polvo
el paso pasa sobre los gorriones
los que se fueron no abren las valijas
los que quedaron cierran el candor
¿no se tropieza por segunda vez?

las calles están muertas padecidas
hoy están padecidas pero sabias
pasan los autobuses navegando
con dos o tres grumetes en la popa
bicicletas de hazaña individual
los ambulantes que otra vez ambulan
los cortejos de muerte natural
nacimientos que acortan la distancia

la soledad se atreve al resplandor
y el resplandor buscó su intensidad
se hizo por fin dura memoria y luz
iluminó la soledad contigua
para comer y amar del mismo plato
solo más sola con solito anexo
la soledad plural que se levanta
como bastión de naipes o de sueños

alguien sabe quién es pero lo oculta
todos sabemos quién es quién ahora
cada uno encontró su paradero
su marca a fuego o su salvoconducto
las aflicciones de su identidad
o las melancolías de su máscara
los desescombros de su regocijo
la fe de su nostagia misionera

no sólo las gargantas tienen rejas
por fin hallaron la palabra justa
y la libre y la cándida y la ávida
el grito ya no es imprescindible
el nudo en la garganta se deshace
se puede murmurar a voz en cuello
y ya no habrá mentiras reveladas
menos aún cursillos de paciencia

la primavera a veces huele a invierno
también eso cambió   la primavera
tiene olor a sí misma   las muchachas
salen de la clausura preguntando
por las rosas de fuego que solían
robar con elegancia y parsimonia
en fin la estación joven recupera
su cuota de belleza y certidumbre

el pasado está aquí con sus gemidos
hoy sigue estando aquí pero no gime
hay rostros de bochorno y de avería
la aguja con el hilo del horror
las trampas del escarnio y de la duda
no vamos a olvidar ningún milímetro
ni tampoco gastarnos en el odio
el pasado está aquí   ya es suficiente

el futuro está aislado   es un remoto
ahora por lo menos tira cabos
a la arisca esperanza toda amores
y le propone dulces entresueños
el futuro es un puente a inaugurar
y a veces tiembla con sus dos orillas
el futuro es un mundo a recibir
no es posible ignorarlo o desmentirlo

todo se disemina como el polvo
y penetró por las rendijas tenues
y las ventanas y los desalientos
se disemina como la amargura
como el nombre de dios se disemina
y nada hace   nada cambia o duele
nada se aleja o llega   como el polvo
cubre hasta los suburbios de la vida

el paso pasa sobre los gorriones
fueron barridos todos sus huesitos
y aunque entonces no hubo funerales
otros gorriones llegan saltan comen
tranquilos porque ya no pasa el paso
pisan el adoquín con cierto olvido
con su universo breve se disfrutan
y ni antes ni después el paso pasa

los que se fueron no abren sus valijas
y sólo diez o doce años más tarde
se dieron cuenta del error gravísimo
en todas partes hay fiestas y siestas
sabores a que asirse   noches mansas
prójimos que quisieran comprender
también ser comprendidos   pero eso
ocurrirá si se abren las valijas

los que quedaron cierran el candor
e hicieron bien   ya nadie lo cuestiona
el peligro de estar   tan sólo eso
fue como una campana de cristal
una campana en la que sólo había
sitio para el candor   ah pero ahora
las cosas son nombradas por sus nombres
y la voz sangra prodigiosamente

¿no se tropieza por segunda vez?
por supuesto que puede tropezarse
el miedo se hizo rabia en las miradas
y el odio ciega si se quema el año
pero el amor en cambio lava vidas
y las pone a secar en la memoria
qué importa tropezar tres cuatro veces
si el amor te levanta y te redime

PREGUNTAS AL AZAR (2)

¿Por qué estás en la noche
agazapado? ¿contra quién?
¿por qué sos una ausencia tan endeble?
¿por qué estás desvelado
y el silencio te encrespa?
¿estás huyendo de algo?
¿de alguien? ¿de vos mismo?
¿de los ojos que viste y no te vieron
y ahora te rastrean?
¿te olvidaste del llanto?
¿del alarido y la puteada?
¿por qué las bóvedas y el viento
te espeluznan? ¿por qué te aterran
la guadaña y el albur?
¿cuándo vas a buscarte en el espejo?
¿soportarás tu mueca? ¿consentirás tu asco?
¿adónde irás verdugo
si no hay cielo?

¿desde dónde llegaste a este sigilo
inquietante? ¿a este enigma
sobado? ¿enigma sin pretextos?
¿para quién trabajás
ahora que cayó tu anonimato
y el olvido profundo no se estila?
¿acaso tu desprecio es un seguro?
¿te encontrarás a salvo dentro de una
seguridad tan frágil?
¿a veces te sentís necio en el pánico
aunque sepas que nadie
va a hacerte lo que hiciste?
¿venís o te estás yendo?

¿hacia dónde?
¿hasta cuándo
podrás con los fantasmas?
¿adónde irás verdugo
si no hay cielo?

¿te vencerán las alucinaciones?
¿arrastrarás tu sombra
y las sombras ajenas?
¿hasta qué punto callarás soñando
bostezarás de odio
hibernarás en pesadilla
te enredarás en los desdenes?
¿cómo podrás seguir viviendo
en la helada tangencia de la muerte?
¿vas a temblar de culpa?
¿o de julepe?
¿pasa el espanto por donde pasabas?
¿te jubilaste de la felonía?
¿te desnudaste de tu desnudez?
¿adónde irás corsario
si no hay mar?
¿adonde irás verdugo
si no hay cielo?

LA NARIZ CONTRA EL VIDRIO

*Quién sabe, dijo la Maga. A mí me parece
que los peces ya no quieren salir de la pecera,
casi nunca tocan el vidrio con la nariz.*

JULIO CORTÁZAR

CINCO SENTIDOS

Huelo en pleno descanso la axila de los pinos
el mar   espejo neutro   no interfiere
imagino el espacio de la última cena
con un insoportable olor a judas

gusto del alcaucil y de los tropos
del vino los pezones morenos y la hostia
las lágrimas de risa   la naranja
el lauro de la lluvia   la sed de mis sudores

oigo el reproche de mis pulsaciones
los bandos no pactados del amor
las cuatro campanadas del desvelo
la leva perentoria   la amnistía

veo el bostezo elemental del crío
echo una ojeada a la vía láctea
miro las proas y los noticieros
y sin quererlo asumo el almanaque

pulso la tecla que estaba prohibida
palpo en lo oscuro el musgo y resucito
toco el maná pero no toco el hambre
y por las dudas tiento mi esqueleto

DESDE ARRIBA

Trepo por la escalera
peldaño tras destino
destino tras peldaño

asciendo lentamente
dosificando alarmas
midiéndome los vértigos

del mal de las alturas
todos saben   nadie habla
del bien de las alturas

desde aquí puedo ver
los prados y las calvas
las olas y los pésames

veletas y lealtades
gárgolas y dobleces
las libres azoteas

escalo por la escala
de servicio o de urgencia
de incendio o de socorro

peldaño tras destino
destino tras peldaño
inexorablemente

abajo hay miles de ojos
que contemplan e ignoran
cuándo cómo ni dónde

termina la escalera
y acaba mi avidez
o empieza mi agonía

SALVEDADES

Los años vienen con raíces y algas
y sueños remontados en la ola
con los años también todo se olvida
los ritos del placer   la noche vegetal
la alegría que ataca por el flanco
los gritos huecos de optimismo   el gallo
que implacable nos quita el sopor matutino
todo se olvida   salvo
el insufrible sufrimiento
la empalagosa soledad
la hiel foránea

los años vienen sin ser invocados
vertiginosos y rompientes
a veces con un hacha   la del frío
depredadora errante por los aires
con los años también todo se entiende
el mudo azar el hecho consumado
las trampas del abrazo   el beso   un beso
las súplicas de hogaño   el polvo   el tiempo
que transcurre y arruga y desordena
todo se entiende   salvo
el insufrible sufrimiento
la empalagosa soledad
la hiel foránea

DISPARADERO

Cuando los disparates se disparan
no hay quien sujete a napoleón o a sócrates
todos tenemos una santa elena
o la cicuta allá en el horizonte

cuando los disparates se disparan
uno puede llegar a ser jinete
o adúltero o suicida o copiloto
o académico o santo o contraespía

cuando los disparates se disparan
el amor   sea frágil o irrompible
salta en pedazos y se recompone
y se convierte en irrompible o frágil

cuando los disparates se disparan
no hay quien rescate a juana o a lumumba
ojo nos amenaza a todos una hoguera
o una agencia central de inteligencia

HISTORIA DE VAMPIROS

Era un vampiro que sorbía agua
por las noches y por las madrugadas
al mediodía y en la cena

era abstemio de sangre
y por eso el bochorno
de los otros vampiros
y de las vampiresas

contra viento y marea se propuso
fundar una bandada
de vampiros anónimos

hizo campaña bajo la menguante
bajo la llena y la creciente
sus modestas pancartas proclamaban
vampiros beban agua
la sangre trae cáncer

es claro los quirópteros
reunidos en su ágora de sombras
opinaron que eso era inaudito

aquel loco aquel alucinado
podía convencer a los vampiros flojos
esos que liban boldo tras la sangre

de modo que una noche
con nubes de tormenta
cinco vampiros fuertes
sedientos de hematíes plaquetas leucocitos

rodearon al chiflado al insurrecto
y acabaron con él y su imprudencia

cuando por fin la luna
pudo asomarse   vio allá abajo
el pobre cuerpo del vampiro anónimo
con cinco heridas que manaban
formando un gran charco de agua

lo que no pudo ver la luna
fue que los cinco ejecutores
se refugiaban en un árbol
y a su pesar reconocían
que aquello no sabía mal

desde esa noche que fue histórica
ni los vampiros ni las vampiresas
chupan más sangre   resolvieron
por unanimidad pasarse al agua

como suele ocurrir en estos casos
el singular vampiro anónimo
es venerado como un mártir

TU ESPEJO ES UN SAGAZ

Tu espejo es un sagaz
te sabe poro a poro
te desarruga el ceño
te bienquiere

te pule las mejillas
te despeina los años
o te mira a los ojos
te bienquiere

te depura los gestos
te pone la sonrisa
te trasmite confianza
te bienquiere

hasta que sin aviso
sin pensarlo dos veces
se descuelga del clavo
te destroza

PÁGINA EN BLANCO

Bajé al mercado
y traje
tomates diarios aguacero
endivias y envidias
gambas grupas y amenes
harina monosílabos jerez
instantáneas estornudos arroz
alcachofas y gritos
rarísimos silencios

página en blanco
aquí te dejo todo
haz lo que quieras
espabílate
o por lo menos organízate

yo me echaré una siesta
ojalá me despiertes
con algo original
y sugestivo
para que yo lo firme

SUELTA DE PALOMAS

Soltar una paloma
no siempre es algo fácil
de imaginar

la paloma es la clave
de tantos sueños
artesanales

si uno dice paloma
piensa espíritu santo
piensa paz

por eso
soltar una paloma
es siempre algo difícil
de imaginar

quizá exista una sola
manera de lograrlo

soltar realmente
una paloma

OJOS DE BUEY

(1)

Éste es el buey que mira por su ojo de buey
el perpetuo horizonte con su tiara de fuego
la tarde apaciguada   la prudente llanura
los árboles del borde   impasibles testigos
del ángelus previsto con su lamento absurdo
la pareja que goza más acá de las parvas
y los hombres de tierra de vuelta en sus cubiles

éste es el buey que mira por su ojo de buey
sin codicia sin hambre sin saber lo que mira
su jornada es igual a todas las jornadas
ya no existe el de asís para que su presencia
le deje ser un buey de veras   mientras tanto
no comprende las nubes y el aviso del gallo
le entra por una oreja   le sale por la otra

(2)

Soy yo quien mira ahora por el ojo de buey
el mar que nos incumbe al barco y mi vigilia
es un vaivén insulso   igual de arriba a abajo
y sólo es importante cuando estalla la espuma
un pobre sol mojado y gris nos va nombrando
y mi mano en el círculo de cristal es silueta
después durante horas no hay sol ni luz ni nada

347

sólo concurre el agua que me lame o escupe
y sólo pienso en rostros que están solos y lejos
soy yo quien mira ahora por el ojo de buey
pienso que el ecuador es una cuerda floja
y que el oculto cenit me ve sin atenuantes
no sé dónde está el sur y el estruendo del agua
me entra por un oído y sale por el otro

PRESENTACIÓN

Nuestro conferenciante de esta noche
es de aquellos que nunca necesitan
presentación o panegírico

quién no conoce al huésped de la sombra
al utilero del ambage
antítesis del roble
vanguardia del abismo
aureola del escombro

a nadie se le oculta su residual prosapia
su matizada colección de ascos
sus cenizos e inválidos ayeres
su comprensión de pedernal

quién no se ha desvelado
con sus vergüenzas de coyote
su infidelario de alto vuelo
su cadalso para desvalidos

cómo no recordar
sus cilicios de aliento
sus calofríos de confortación
sus puños de consuelo

el tiempo pasará como un despojo
mas no podrá con sus estigmas de leyenda
con sus tenazas más tenaces
o su taller de cicatrices

esta tribuna se honra hoy
con las primicias de un tribuno
a quien serenos prometemos
seguros consecuentes austeros prometemos
que no habrá amnesia
no habrá amnesia

BOTELLA AL MAR

El mar es un azar
qué tentación echar
una botella al mar

poner en ella por ejemplo un grillo
un barco sin velamen y una espiga
sobrantes de lujuria   algún milagro
y un folio rebosante de noticias

poner un verde un duelo una proclama
dos rezos y una cábala indecisa
el cable que jamás llegó a destino
y la esperanza pródiga y cautiva

el mar es un azar
qué tentación echar
una botella al mar

poner en ella por ejemplo un tango
que enumerara todos los pretextos
para apiadarse a solas de uno mismo
y quedarse en el borde de otro sueño

poner promesas como sobresaltos
y el poquito de sol que da el invierno
y un olvido flamante y oneroso
y el rencor que nos sigue como un perro

el mar es un azar
qué tentación echar
una botella al mar

poner en ella por ejemplo un naipe
un afiche de dios   el de costumbre
el tímpano banal del horizonte
el reino de los cielos y las nubes

poner recortes de un asombro inútil
un lindo vaticinio de agua dulce
una noche de rayos y centellas
y el saldo de veranos y de azules

el mar es un azar
qué tentación echar
una botella al mar

pero en esta botella navegante
sólo pondré mis versos en desorden
en la espera confiada de que un día
llegue a una playa cándida y salobre

y un niño la descubra y la destape
y en lugar de estos versos halle flores
y alertas y corales y baladas
y piedritas del mar y caracoles

el mar es un azar
qué tentación echar
una botella al mar

LENTO PERO VIENE

Lento pero viene
el futuro se acerca
despacio
pero viene

hoy está más allá
de las nubes que elige
y más allá del trueno
y de la tierra firme

demorándose viene
cual flor desconfiada
que vigila al sol
sin preguntarle nada

iluminando viene
las últimas ventanas

lento pero viene
el futuro se acerca
despacio
pero viene

ya se va acercando
nunca tiene prisa
viene con proyectos
y bolsas de semillas

con ángeles maltrechos
y fieles golondrinas

despacio pero viene
sin hacer mucho ruido
cuidando sobre todo
los sueños prohibidos

los recuerdos yacentes
y los recién nacidos

lento pero viene
el futuro se acerca
despacio
pero viene

ya casi está llegando
con su mejor noticia
con puños con ojeras
con noches y con días

con una estrella pobre
sin nombre todavía

lento pero viene
el futuro real
el mismo que inventamos
nosotros y el azar

cada vez más nosotros
y menos el azar

lento pero viene
el futuro se acerca
despacio
pero viene

lento pero viene
lento pero viene
lento pero viene

LA VIDA ESE PARÉNTESIS

NUNCA LA MIRADA

Hace tanto que pasé mi ecuador

los años bajan como rompehielos
traen edictos nada promisorios

el pellejo es conciso y elocuente
tiene arrugas y manchas desgarbadas
lunares sospechosos y en capilla

es archivo de tactos y contactos
registra las caricias
dadas y recibidas
fue tieso y joven
eso dicen

la luna asoma
la creciente
la de los locos y murciélagos

creciente sólo para recordármelo

hace ya tantas lunas
que pasé mi ecuador

los ojos cambian
nunca la mirada

LOS AÑOS

Los años son también una armonía
sólo que yo prefiero
ser uno y desarmónico

cuando todos afinan
quiero desafinar como un violín
o como un ex tenor
o un ex tribuno

cuando todos escriben la palabra sabida
quisiera no saber la mía
escribir como quien habla por señas

aunque nadie me acepte
tan obvias sencilleces
y el cuervo y el gorrión
pasen de largo

los años son también deslumbre
sólo que yo prefiero
ser sombra azul o más temprana

cuando todos escriben la palabra genial
quiero escribir la del mal genio
como quien busca otra liturgia

cuando todos esplenden convencidos
quiero asombrarme
o sea ensombrecerme
como una madreselva
o un ombú

y entonces
sin pensarlo demasiado
llamo al desnudo
y la desnuda
para que zanjen
el dilema

TRANSGRESIONES

Todo mandato es minucioso
y cruel
me gustan
las frugales transgresiones

por ejemplo inventar el buen
amor
aprender
en los cuerpos y en tu cuerpo

oír la noche y no decir
amén
trazar
cada uno el mapa de su audacia

aunque nos olvidemos
de olvidar
seguro
que el recuerdo nos olvida

obedecer a ciegas deja
ciego
crecemos
solamente en la osadía

sólo cuando transgredo alguna
orden
el futuro
se vuelve respirable

todo mandato es minucioso
y cruel
me gustan
las frugales transgresiones

BALANCEOS

En el sillón tranquilo de balance
en la recuperada mecedora
qué he de hacer sino balancearme
los racimos las nubes las ideas se mecen
se mecen los desastres cavilosos
hago balance pendular de vida
y el dividendo es una duda fértil
que mece sus motivos y argumentos
en el sillón tranquilo de balance

en el sillón tranquilo de balance
en la reminiscente mecedora
qué más puedo emprender que sopesarme
llenar a plenitud los dos platillos
de la vieja balanza sin que sobren
los esplendores ni las cortedades
para evaluar añicos y bosquejos
y sopesar pesar balancearme
en el sillón tranquilo de balance

en el sillón tranquilo de balance
en la perseverante mecedora
qué puedo hacer sino desnivelarme
o nivelarme a costa del espacio
donde posibles y arduos se columpian
o se fugan dejándonos a solas
¿habrá pues que esperar   así meciéndonos
a los apoderados de la muerte
en el sillón tranquilo de balance?

RUINAS

se deslumbraron mis ruinas

JUAN RAMÓN JIMÉNEZ

Yo también tengo ruinas
y si acudo al pasado
ya no sé a quién o a quiénes
busco entre los escombros
son ruinas sin prestigio
sin guías y con musgo
inmensas y mezquinas
señas de lo que fui
columpios desnudeces
huellas crepusculares
matutinas nocturnas
la luna las descubre
les dice lo que eran
columnas de tesón
túmulos de experiencia
pedernales de amor
catacumbas de miedo

yo también tengo ruinas
pero no deslumbradas
sino ciegas distantes
residuos de palabras
vestigios de rencores

esquirlas de castigos
reliquias de caricias
ruinas tan taciturnas
calimas de la pena

albergan sus fantasmas
como todas las ruinas
y como todas dejan
escuchar su lamento

yo también tengo ruinas
meses y años troceados
muñones de confianza
perdones en añicos
piedras en las que a veces
me reconozco   entonces
amo la piel rugosa
de mis hermanas ruinas

VERKLÄRTE NACHT

En esta noche de pálpitos y conjuras
en esta noche flamante habitan tantas noches
la del labriego la del farero la del santo
la del cocuyo la del murciélago la del búho
noche con sábanas de fruición y tacto
locomotoras y coyotes que aúllan insolentes
noche de lenguas vivas y cóleras suntuosas
con lascivias soñadas a borbotones y de a ratos
y labios lacrados por un antiguo resplandor

en esta noche se abrazan otras noches posibles
que velan y desvelan sus complicidades
y sellan sus juramentos con saliva templada
noche de iconos taciturnos
de satélites y fuegos fatuos
y llantos que son hilos conductores

noche de muchas incontables noches
de hambrientos unas
otras de saciados
noche desangelada y sin resuello
transfigurada noche en máscara y embozos
depósito de soles de avería
reserva de ponientes
de callejones como niágaras
de selva a cántaros

de laberintos ya resueltos
de inconsolables vírgenes y sauces
de brújulas vesánicas
de empobrecidas dinastías
de sabios parroquiales y sin nobel

noche para sonámbulos y gallos
para seminaristas y cadetes manuales
noche de hojas que se estremecen como culpas
perros guardianes con las patas rotas
barcos esclavos de las constelaciones

madre noche de todos los pecados
la más nocturna de las noches
favorita de insomnios recurrentes
puerto de un dios que iba a llegar
y fue alcanzado por el rayo

noche de un hondo miedo universal
de alabastros lunares
y esqueletos domésticos
del goce a duras penas

noche de la vislumbre más soñada
y de la que no vale
la pena despertar

SOY MI HUÉSPED

Soy mi huésped nocturno
en dosis mínimas
y uso la noche
para despojarme
de la modestia
y otras vanidades

aspiro a ser tratado
sin los prejuicios
de la bienvenida
y con las cortesías
del silencio

no colecciono padeceres
ni los sarcasmos
que hacen mella

soy tan sólo
mi huésped
y traigo una paloma
que no es prenda de paz
sino paloma

como huésped
estrictamente mío
en la pizarra de la noche
trazo una línea
blanca

luego soplo mi brisa
y los postigos y las ramas
tiemblan

como huésped de mí
sé de mí lo que pienso
no es gran cosa

armo mis barricadas
contra el sueño
a pesar de que el sueño
las derribe

soy mi huésped
a qué negarlo
pero
a veces también soy
un extraño de mí

cuando mi rústico anfitrión
me mira
siento que estoy
de más
y me escabullo

PROPIEDAD DE LO PERDIDO

Todo lo que has perdido,
me dijeron, es tuyo.

JOSÉ EMILIO PACHECO

Es mía la inocencia
ánfora de cristal tan desvalida
que nada me sugieren sus añicos

la juventud es mía
y es además atávico susurro
rescoldo previo al imposible fuego

el rostro de mi padre
tan mío es que acude a mis espejos
para comprometerme en sus dilemas

es mío el primer salmo
débil embelesado entre los árboles
zurcido con las hebras del olvido

mío el brote de amor
que era quimera y fue descubrimiento
para soltar arrobos como un lastre

mío el muro de dios
con su agrietada y hosca piel de piedras
y sus mil garabatos de recelo

y la mano fraterna
tan mía es que surge de las ruinas
para estrechar mi mano y exhumarme

todo lo que he perdido
es mío irremediablemente mío
tan lejano de mí que es desamparo

CERO

Mi saldo disminuye cada día
qué digo cada día
cada minuto   cada
bocanada de aire

muevo mis dedos como si pudieran
atrapar o atraparme
pero mi saldo disminuye

muevo mis ojos como si pudieran
entender o entenderme
pero mi saldo disminuye

muevo mis pies cual si pudieran
acarrear o acarrearme
pero mi saldo disminuye

mi saldo disminuye cada día
qué digo cada día
cada minuto   cada
bocanada de aire

y todo porque ese
compinche de la muerte
el cero
está esperando

LA VIDA ESE PARÉNTESIS

Cuando el no ser queda en suspenso
se abre la vida ese paréntesis
con un vagido universal de hambre

somos hambrientos desde el vamos
y lo seremos hasta el vámonos
después de mucho descubrir
y brevemente amar y acostumbrarnos
a la fallida eternidad

la vida se clausura en vida
la vida ese paréntesis
también se cierra   incurre
en un vagido universal
el último

y entonces sólo entonces
el no ser sigue para siempre

CLANDESTINA

La dicha es una clandestina
buscada perseguida
la comandancia da sus datos
sus ojos verdes su estatura
la distancia que media entre sus sueños
su etiqueta naranja
su escala de delirios

la dicha es un asueto
una velada distracción de dios
ese momento o año
en que recuperamos las flores y la suerte
y denostamos al fantasma
negándonos a oír
sus recurrentes extorsiones

la dicha nunca es oficial
y rara vez insigne
comparece de a ratos
en ciclos   sin retumbos
o sea cuando el riesgo
de su olfato pueril
descubre alguna brecha

la dicha es una isla inencontrada
una región del disparate
una marcha nupcial sin bendiciones
ni misericordiosa ni clemente
adrede mezcla sus reliquias
con nuestras desconfianzas implacables
y nuestras apetencias y chascos y costumbres

la dicha sangra por su herida
¿de dónde viene tan sensible
si es una hereje
sagaz y novelera?
nos hace creer en el crepúsculo
abre sus labios para el beso
y anuncia ramos de tristeza

SIEMPRE UNA SORPRESA

La muerte es siempre una sorpresa inútil
aunque uno comparezca
con las bisagras herrumbrosas

la gracia pasa   pasan las desgracias
las promesas a veces se corrompen
caen de hinojos los esperanzados
y dios no les perdona la esperanza

transcurren los diciembres y belenes
la intimidad se colma de importunos
las pupilas retratan hondonadas y cumbres
y la razón se hastía de lindes y cotejos

la muerte es siempre una sorpresa inútil
aunque se trate de la ajena
y los recuerdos nos amparen

el relámpago ofusca   rompe el trueno
el amor ilumina   ciega el odio
uno desplaza el cuerpo como un miope
y adelanta las manos y está el muro

los relojes predicen y no aciertan
apuntalamos cábalas y ruinas
despedimos el mar y lo añoramos
no nos llevamos bien con las hazañas

la muerte es siempre una sorpresa inútil
aunque confirme los pronósticos
y sea un fiable desenlace

el blando más allá puede ser un bostezo
el arduo más acá la picota de turno
no aspiro a los trofeos de ultratumba
sino a dormir y antes que nada a despertarme

qué paraíso puede compensar
el roce de otra piel en jubileo
lo cierto es que la muerte es un verdugo
y los mortales somos cómplices de la vida

pero así y todo
o así y nada
la muerte es siempre una sorpresa inútil

AHORA Y NADA

Tot és ara i res

JUAN VINYOLI

Tengo un trabajo conjurado y denso
pero no importa   lo interrumpo
necesito una tregua con distancia
una paz despojada de ansiedades
un ocio sin escrúpulos de ocio

me siento en la terraza a no hacer nada
ni siquiera a leer un texto fácil
tan sólo que las manos se abandonen
los ojos se habitúen al otoño
la espalda a estar sin alas

allá abajo la plaza verde y ocre
con sus perros higiénicos y ágiles
que se vengan de encierro y celibatos

miro el cielo naranja
cruzado por antenas
y sólo al encontrarme
con los rumores metropolitanos
existe la ciudad remota y próxima

mientras hamaco mi ocio
tengo que defenderlo
y sobre todo tengo
que aprender a gozarlo

de pronto asumo que este instante
nada ritual es un oasis
la discutible soledad
en la que puedo ser yo mismo

vaya a saber lo que uno sabe
para quedarse aquí tapando aullidos
olvidando las horas en acecho
uniendo las mitades de la vida

es una calma gris sin concesiones
y sin los desencuentros de la urgencia
una tranquilidad convaleciente
y algo tediosa
claro

no sé si este sosiego es necesario
de todos modos no es inexpugnable
lo asedian los recuerdos cenagosos
las pálidas vergüenzas
el oscuro subsuelo de la calma
las mágicas palabras nunca dichas
los silencios violados
los gestos abrasados y abrazantes
los yermos del amor
los mitos resurrectos
la araña con su tela de rencores
la furia sin rescoldo
el corazón sin huésped

es una calma desvelada
por las fogatas que apagué
y por la infancia que me espía

mi vigilia en desorden tiene puestas
sus miradas en la paz temblorosa
la que mueve los árboles sin pájaros
como si les quitara un sortilegio

y también tiene puestas
sus esperanzas en la astucia
de mi memoria que da y quita
huellas y nombres
voz y voces

debo reconocer que en esta calma
me siento como sapo de otro pozo
no sé si tendré ganas
de hundirme para siempre en el sosiego

allá abajo en la plaza verde y ocre
perritos y perrazos bien se lamen
con cierta discreción y sin tristeza
aunque dios los creara
ellos no creen en dios
y si a menudo alzan una pata
no es para bendecir el árbol
ciertamente

bonanza de emergencia
esta tregua sin fiebre
la siento en las rodillas

gorriones de penuria
avanzan paso a paso
en un tango liberto

no hay otros habitantes
y si los hay no cuentan

tampoco cuento yo

vuelvo a mis soledades
esas pobres contiguas
que me miran llegar
como un poseso
otra vez al trabajo conjurado

por hoy
          basta de calma

PREGUNTAS AL AZAR (3)

¿Dónde estás muerte
muertecita
hebra de lágrimas
sueño inconcluso
duplicado de vida
muertecita
sin cuerpo
sin amor
sin árbol
y sin dios
pesadilla lunar
convincente mutismo
promesas en abstracto
entrañable ceniza
muerte boba?

¿dónde estás
esperando
inventora de huellas
nada sin descifrar
óbito de presagios
catálogo de pésames
dónde?

¿dónde me aguardas
larva sin mariposa
harakiri de afanes
curandera frugal
con tu paso de alfombra?

¿dónde?
¿de dónde?
¿adónde?

gato búho murciélago
cuervo coyote lobizón
ominoso alacrán
traición de la vigilia
crimen perfecto
¿cuándo?

resignación descalza
angelote sin alas
miseria del suntuoso
opulencia del pobre
martingala del lázaro
penúltima bisagra
nombre del polvo
¿cómo?

¿dónde estás clandestina
muertecita de veras
santa patrona
del alivio
frontera del dolor
borde inquerido
cierre del más acá?

ya lo has visto
a pesar
de todos los esfuerzos
no se puede nombrarte
muertecita
sin caer fatalmente
en la fosa común
en el lugar común

LUGARES

LA ACÚSTICA DE EPIDAUROS

Estuvimos en epidauros veinticinco años después que
        roberto
y también escuchamos desde las más altas graderías
el rasgueo del fósforo que allá abajo
encendía la guía la misma gordita
que entre templo y templete
entre adarme socrático y pizca de termópilas
había contado cómo niarchos se las arreglaba
para abonar apenas nueve mil dracmas
digamos unos trescientos dólares de impuesto por año
y con su joven énfasis nos había anunciado
ante el asombro de cinco porteños
expertos en citas de tato bores
la victoria próxima y segurísima del socialista papandreu

estuvimos pues en epidauros respirando el aire
        transparente y seco
y contemplando los profusos inmemoriales verdes
de los árboles que dieron y dan su espalda al teatro
y su rostro a la pálida hondonada
verdes y aire probablemente no demasiado ajenos
a los que contemplara y respirara polycleto el joven
cuando hacía sus cálculos de eternidad y enigma
y también yo bajé al centro mágico de la orquesta
para que luz me tomara la foto de rigor

en paraje de tan bienquista y sólida memoria
y desde allí quise probar la extraordinaria acústica
y pensé hola líber hola héctor hola raúl hola jaime
bien despacito como quien rasguea un fósforo o arruga un
      boleto
y así pude confirmar que la acústica era óptima
ya que mis sigilosas salvas no sólo se escucharon en las
      graderías
sino más arriba en el aire con un solo pájaro
y atravesaron el peloponeso y el jónico y el tirreno
y el mediterráneo y el atlántico y la nostalgia
y por fin se colaron por entre los barrotes
como una brisa transparente y seca

PLAZA SAN MARTÍN

En este espacio cada uno es capaz
de zurcir sus vislumbres y tinieblas
árboles me rodean con sus patas de elefante
tengo un gong en las sienes memoriosas

en un banco como éste cubierto de ramitas
mi adolescencia aprendió a dostoievsky
y gracias a fernández moreno en chascomús
pensó el equivalente de *anch'io son'pittore*

tozudo como la cadencia de un molino
latigazo del aire   desairado
sé del barro prolijo   los segmentos de cielo
las hojas muertas y el gemido o la brisa

no es un refugio pero da amparo
oasis ecológico con vista a la jornada
sin la miseria huésped en los lindes
pero con frisos de jactancia y humo

siempre me anima su propuesta de verdes
y la disfruto como si fuera un insomnio
de esos que transitan por los amores de la piel
proclive a tantas otras ceremonias

también me conforta su condición de isla
eco querellante del simulacro organizado
por fortuna libre de viejas simetrías
ya que sus canteros fingen otra retórica

lujo del pobre entre los opulentos
galaxia de jubilados y niñeras
y seminaristas autoflagelados
que salen a respirar con los gorriones

siempre acudo a vos en peregrinación
plaza san martín de los pastitos elegantes
y de las muchachas que aprenden a besar
con los ojos cerrados   como en el cine

PAUSA DE AGOSTO

Madrid quedó vacía
sólo estamos los otros
y por eso
se siente la presencia de las plazas
los jardines y fuentes
los parques y glorietas

como siempre en verano
madrid se ha convertido
en una calma unánime
pero agradece nuestra permanencia
a contrapelo de los más

es un agosto de eclosión privada
sin mercaderes ni paraguas
sin comitivas ni mitines

en ningún otro mes del larguísimo año
existe enlace tan sutil
entre la poderosa
metrópoli
y nosotros pecadores
afortunadamente
los árboles han vuelto a ser
protagonistas del aire gratuito
como antes

cuando los ecologistas
no eran todavía imprescindibles

también los pájaros disfrutan
ala batiente de una urbe
que inesperadamente se transforma
en vivible y volable

los madrileños han huido
a la montaña y a marbella
a ciudadela y benidorm
a formentor y tenerife

y nos entregan sin malicia
a los otros que ahora
por fin somos nosotros
un madrid sorprendente
casi vacante   despejado
limpio de hollín y disponible

en él andamos como dueños
tercermundistas del arrobo
en solidarias pulcras avenidas
sudando con unción la gota gorda

el verano no es tiempo de fragor
sino de verde tregua

empalagados del rencor insomne
estamos como nunca
dispuestos a la paz

en el rato estival
la historia se detiene
y todos descubrimos una vida postiza

pero cuando el asueto se termine
volverán a sonar
las bocinas los gritos las sirenas
los mueras y los vivas

bombas y zambombazos
y las dulces metódicas campanas

durante tres fecundas estaciones
nadie se acordará
de pájaros y árboles

YO ESTABA EN OTRO BORDE

a haydée
in memoriam
cinco años después

Yo estaba en otro borde del océano
en palma de mallorca y para ser preciso
en la plaza gomila ésa buscada
por los *marines* yanquis
tan borrachitos siempre
y por turistas suecos y franceses
ingleses holandeses alemanes
y hasta por mallorquines

en mi balcón entraba una porción de calle
con sus putas de carne
y sus hombres de hueso
y según a qué hora
con luces de neón y mansa fábula
y hasta una *bailaora* triste de pacotilla
que anhelante bordaba su agonía febril
sin que ningún piadoso la aplaudiera o mirara

por entonces yo había comenzado
mi duro aprendizaje de españa y me sentía
al garete o al margen
sin otra conjetura o barricada
que mi desasosiego de ultramar
sin más futuro que el de mis azares
sin otra garantía que la de mi resuello

yo estaba en otro borde
sin buenos aires ni montevideo

sin la habana ni méxico
sin quito ni managua
exactamente en la plaza gomila
frente a otro de mis varios telones del exilio

me agradaba el castillo de bellver en el fondo
y como diversión estaba el ovni
que en los atardeceres nos dejaba
huellas y guiños cómplices y dudas
realmente me gustaba la escenografía
sin entusiasmo pero me gustaba
aunque no me entendiera con los sordos
protagonistas ni con los comparsas

durante el largo día
miraba con el hígado y los bronquios
las uñas y el estómago
y con mis cataratas remendadas

el cielo era de venas azules y finísimas
y las casas tan blancas
con sus enredaderas colgantes y geranios
cual si hubieran nacido ayer o hace dos siglos

en cambio por la noche
miraba con mis hombros y mis labios
mis riñones mis tímpanos mi páncreas
siempre con mis leales cataratas
aunque ahora no tan encandiladas

yo estaba en otro borde
cuando aulló tres socorros el teléfono
y una voz titubeante y remotísima
dijo ayer murió haydée
y volvió a repetirlo
tal vez no tanto para persuadirme
como para de veras persuadirse

ayer murió haydée
dijo en el desconcierto de mi oído
hace cinco años y en aquella plaza
escuchar la noticia era difícil
imposible ligar esa brutal ausencia
con catorce o quince años de presencia
en mi suerte y en mi vida de a pie
haydée abrecaminos sin camino
haydée mi socia de asma sin su asma
haydée sin esa casa sin su américa
haydée sin el amparo ni la flecha del sol

volví al balcón y fue de noche
no sé por qué de pronto fue de noche
ya no quedaban luces ni fragores
ni bares ni nightclubs ni discotecas
ni las hembras de carne
ni los hombres de hueso
todos habían desaparecido
o acaso se llamaran
a silencio y tiniebla
los suecos y franceses
ingleses y holandeses y alemanes
todos habían desaparecido
y los *marines* antes que ninguno

ya no estaba el castillo de bellver
ni tampoco las casas blancas ni los geranios
ni las enredaderas que colgaban
desde hacía dos siglos o una víspera

en cambio había un malecón de olas
arrolladoras breves y gigantes
olas que no eran del mediterráneo
también había un campo de deportes
fornido de estudiantes
en blanco en negro y en mulato

y más acá muros con cuadros
de venezuela méxico brasil
chile uruguay colombia costa rica
y una arpillera de violeta parra
y dos o tres imágenes argentinas del che
y dondequiera rostros llorando sin escándalo
en esa pobre casa
la casa sin haydée

yo estaba en otro borde
pero esa noche aunque era mediodía
adiviné una nueva provincia de la muerte
y hasta un desconocido formato del amor

sólo en nuestros países tan hogueras
podemos concedernos el dramático lujo
de recibir intacto de la historia
un personaje único encendido de ideas
de inocencia perdones heroísmo
suelta de mariposas y de manos tendidas
al semejante y al desemejante
y consuelos y abismos y tizones
y delirios coraje sufrimiento
y ensueños y bondad

es increíble
pero así sucede
en nuestros pueblos de dolor y olvido
solemos darnos el terrible lujo
de recibir herido de la historia
un indómito y limpio personaje de fuego
y no lograr siquiera
ni acaso merecer
que no se apague

haydée murió es verdad
alguien lo había alojado para siempre
en mi cabeza incrédula

miré hacia arriba a nadie
y sin embargo supe que después
cuando volviese el día
las venas de este cielo
azules y finísimas
se abrirían en lluvia
copiosa
inconsolable

REFERENCIAS

Alguna vez en palma de mallorca
hallé en el borne dos filas de árboles
como las que hubo en un recodo
del viejo parque urbano

en la habana otra vez
pensé que el malecón
era como la rambla

en santa cruz de tenerife
hay una larga franja
como la de pocitos

la gente que camina en las calles de atenas
se asemeja a la nuestra
sólo que al mediodía

en helsinki si escucho cómo hablan
me parece lunfardo
pero nunca lo entiendo

el cielo de la noche blanca de leningrado
me recuerda mi cielo
en tardes de tormenta

en buenos aires hay un barrio
flores
que puede confundirse con la aguada

el rastro madrileño
es una feria de tristán narvaja
sólo que gigantesca

ahora por fin
están aquí a mi alcance
parque rambla idioma firmamento
recodos calle feria esquinas

ya no preciso referencias

ÉSTA ES MI CASA

No cabe duda   ésta es mi casa
aquí revivo   aquí sucedo
ésta es mi casa detenida
en un capítulo del tiempo

llega el otoño y me defiende
la primavera y me condena
mis pobres huéspedes se ríen
copulan duermen comen juegan

llega el invierno y me marchita
llega el verano y me renueva
mis pobres huéspedes retozan
discuten bailan lloran tiemblan

junto a mi casa se detienen
los perros y los campanarios
y sin embargo las palmeras
saludan y pasan de largo

ésta es mi casa transparente
aquí me espera la almohada
aquí me encuentro con mis señas
con mi memoria y mis alarmas

ésta es mi casa con mi gente
con mis pasados y mis cosas
mis garabatos y mi fuego
mis sobresaltos y mi sombra

no cabe duda   ésta es mi casa
la reconozco lentamente
por los sabores en el humo
y por el tacto en las paredes

por mi cansancio arrepentido
y mis descansos a deshoras
la ceremonia de las luces
y el comentario de las moscas

ésta es mi casa o mi región
o el laberinto de mi patria
pero me gusta repetir
no cabe duda   ésta es mi casa

ODRES VIEJOS

MEMORÁNDUM

Uno llegar e incorporarse al día
dos respirar para subir la cuesta
tres no jugarse en una sola apuesta
cuatro escapar de la melancolía

cinco aprender la nueva geografía
seis no quedarse nunca sin la siesta
siete el futuro no será una fiesta
y ocho no amilanarse todavía

nueve vaya a saber quién es el fuerte
diez no dejar que la paciencia ceda
once cuidarse de la buena suerte

doce guardar la última moneda
trece no tutearse con la muerte
catorce disfrutar mientras se pueda

TIC PROFESIONAL

Diríase que el tiempo no madura
y que al poeta   ese cándido leproso
no se le deja otro comportamiento
que refugiarse en su desgarradura
y allá quedarse torvo y silencioso
a solas con su estro ceniciento
o su pobre talento

mas no son para tanto
la saña y el quebranto
el tiempo no prodiga sus perdones
más bien exige modas   concesiones
pero ceder no es un salvoconducto
y no faltan razones
para blindar el último reducto

recuérdese que sirve la etiqueta
de pequeño burgués o de cobarde
de vacilante o falto de entereza
para calificar a algún poeta
y a éste sólo le queda como alarde
entregar por la causa su cabeza
esa simple proeza

y si en eso descansa
el aval de confianza
convéngase que no es estimulante
se exija de la muerte el comprobante
para acabar al fin con el entuerto
el dilema es tajante
pequeño burgués vivo o mártir muerto

pero ésta no es la única emboscada
también están las huestes de narciso
que ofrecen la evasión de este bochorno
y son los confidentes de la nada
comprometidos contra el compromiso
cultivan las palabras como adorno
y escapan del contorno

el celaje purista
es su protagonista
arman preguntas para sus respuestas
y morirán con las falacias puestas
después de todo ésa es la paradoja
llevar el verso a cuestas
es caminar sobre una cuerda floja

qué más da   caminemos por la calle
como si fuera un sueño o viceversa
y no hubiera pronósticos atroces
un poco antes de que el mundo estalle
la realidad es una y es diversa
y tiene entre sus pliegues tantas voces
como sombras y dioses

oasis o desierto
enigma o mito abierto
poesía es memoria a la deriva
con náufragos de suerte persuasiva
que pretenden salvarnos del abismo
está en la entraña viva
y también está fuera de uno mismo

acaso poesía es la fogata
en que arden el más débil y el más fuerte
la presencia rebelde y la sumisa
la lisonja falaz y la bravata
y toda esa materia se convierte

no en la llama universal que hechiza
sino en humo y ceniza

de ese rescoldo escueto
obstinado y secreto
que reduce a una brasa la experiencia
nace como una aurora otra inocencia
tan leve y tan real como un sagrado
y por eso en esencia
el poema es un mundo relevado

CONFORTACIÓN

España   si algún cronista
te acusa de maniquea
torpe inculta pobre y fea
y al término de esa lista
te llama tercermundista
no digas un *no* rotundo
el riesgo no es tan profundo
y estás en buena compaña
seas bienvenida españa
al ardiente tercer mundo

SANTO y/o SEÑA

¿Dónde empieza la niebla que te esconde?
       ignoro dónde

¿cómo puedes andar con pies de plomo?
       ignoro cómo

¿cuánto cuesta vencer a tu quebranto?
       ignoro cuánto

iba a cambiar la seña por el santo
mas después de vivir lo que se sueña
prefiero permutar santo por seña
aunque no sepa dónde cómo o cuánto

INCITACIÓN

En el muro quedaron los tatuajes del juego
el tiempo me conmina pero no me doblego
siento a pesar de todo frutal desasosiego
y el código de agobios lo dejo para luego

antes de que el crepúsculo en noche se convierta
y se duerma la calle y se entorne la puerta
a solas con mi pobre madurez inexperta
quiero que mi demanda se encuentre con tu oferta

no es bueno que la astucia me busque a la deriva
como si el amor fuera sólo una tentativa
y ya que ahora asombras a mi alma votiva
confío en que asombrado tu cuerpo me reciba

nos consta que el presente es breve y es impuro
pero cuando los torsos celebren su conjuro
y llamen nuestros ojos cual brasas en lo oscuro
sólo entonces sabremos cómo será el futuro

aspiro a que tu suerte de nuevo me rescate
del frío y de la sombra   del tedio y el combate
la gloria nos espera sola en su escaparate
mientras tú y yo probamos la sal y el disparate

sola en su desafío nos espera la gloria
y con su habilidad veterana y suasoria
entre nosotros borra la línea divisoria
y nuestros pies se buscan para empezar la historia

HOMENAJE

a nicolás guillén,
en sus ochenta.

Más allá de los males y los bienes
tu mejor aventura cotidiana
es lidiar con la vida lisa y llana
que lograste y afinas y mantienes

la noche se ha quedado sin rehenes
y entra el sol por tu verso y tu ventana
tengo   dijiste en dimensión cubana
dijiste tengo y por supuesto tienes

pueblo que te oye bajo tantos cielos
porque has hallado simplemente el modo
de cantar nada menos que a los más

con tus ochenta y con tus dos abuelos
y tu muchacho corazón   ya todo
lo tienes   juan con todo   nicolás

CUADRAGÉSIMO ANIVERSARIO

Ahora   en buena hora
con cielo transparente y suave clima
el mundo conmemora
aunque el pasado oprima
estos cuarenta agostos de hiroshima

los nipones hicieron
un *survey* escolar de varios usos
y los niños dijeron
sin mostrarse confusos
la bomba fue arrojada por los rusos

si se atiende al alcalde
de la misma ciudad a la que exhuman
quizá todo fue en balde
sus palabras abruman
mas no menciona ni una vez a truman

los muertos son ceniza
occidente da dólares y apoyo
oriente olvida aprisa
ya salvado el escollo
la bomba es un factor de desarrollo

ARTE POÉTICA

Es un modo de crecer
en lo que dura un suspiro
o maneras de decir
de otra manera lo mismo
que nos enseñan la historia
las estaciones el río
una suerte de jugar
con formas y contenidos
y regla para quien quiera
violar las reglas del siglo
ingenio contra la asfixia
recurso para el respiro
pero no la vanagloria
ni lo que arrastra consigo

es un modo de entender
o aproximarse al prodigio
con el paisaje en los ojos
y en el alma un calofrío
con la palabra en volandas
o el corazón en añicos
aprendiendo a transformar
lo sobrehumano en sencillo
nadie podrá despojarnos
ni los sueños impedirnos
ni quitarnos lo bailado
ni matarnos lo vivido
ni convertirnos en otro
ni usarnos como testigo

es un modo de sentir
y casi como vivirlo
y si la memoria aprieta
para eso está el olvido
o trasmutar el recuerdo
en cualquier otro peligro
si es otoño / en primavera
si es invierno / en el estío
si es desamor / en amor
y si es amor / en delirio
si es ordenanza / en azar
y si es azar / en destino
lo malo que poseemos
en lo bueno que perdimos

es un modo de arrojar
por la borda lo prohibido
y aunque extraviemos los nombres
incautarnos de sus símbolos
y archivar al pobre dios
como asunto concluido
es un modo de quedarse
frente a frente con el niño
que fuimos alguna vez
sin saberlo y sin sufrirlo
una forma de asumir
señales muros y mitos
y no morir de nostalgia
ni asomarnos al abismo

VIENTO Y MAR

El viento arrima propuestas
mejores que las de antes
ya no son interrogantes
triviales o deshonestas
pero el mar tiene respuestas
que improvisa en el momento
y el diálogo es tan violento
que no podré descansar
mientras no se calme el mar
y no se interrumpa el viento

DIGNIDADES

Está la dignidad de los honores
de la etiqueta y de la jerarquía
de las señoras y de los señores

de vuecencia ilustrísima y usía
la dignidad de los que tienen plata
y el protocolo más la pleitesía

y / distancias salvadas / la corbata
las alcurnias de origen sospechoso
y la honra que hoy viene más barata

la fe del militar pundonoroso
que ordena simplemente la tortura
con el aval del todopoderoso

está la dignidad de la censura
la del garrote y de la contumacia
de la calumnia y su salpicadura

y las miserias de la aristocracia
y la ambición en tres velocidades
y el simulacro triste de la audacia

pero también hay otras dignidades
que no suelen andar de boca en boca
aunque recorran todas las edades

y toda la vergüenza que no es poca
la dignidad de la naturaleza
que de tan cuerda nos parece loca

la dignidad que siempre sale ilesa
del tumulto la trampa y su cortejo
y está la dignidad de la pobreza

la que se lleva inscripta en el pellejo
y permite enfrentar sin más señales
la entrañable mirada del espejo

está la dignidad de los leales
aquellos que en las buenas y en las malas
en tiempos de revés y en los triunfales

no cambian sus raíces por las alas
ni exigen el cilicio ni la alfombra
van sin alabanceros ni bengalas

y en el simple baluarte de su sombra
tienen la dignidad que dignifica
esa que normalmente no se nombra
ni se lleva a la feria o se publica

HETERÓNIMOS

Mesianismo leninismo
fetichismo leninismo
exitismo leninismo
moralismo leninismo
heroísmo leninismo
y machismo leninismo

continuismo leninismo
cristianismo leninismo
reumatismo leninismo
optimismo leninismo
exorcismo leninismo
y marxismo leninismo

mal que bien
no son lo mismo

EL SUR TAMBIÉN EXISTE

a joan manuel serrat
con la amistad surgida
de un trabajo compartido

EL SUR TAMBIÉN EXISTE

Con su ritual de acero
sus grandes chimeneas
sus sabios clandestinos
su canto de sirenas
sus cielos de neón
sus ventas navideñas
su culto de dios padre
y de las charreteras
     con sus llaves del reino
     el norte es el que ordena

pero aquí abajo abajo
el hambre disponible
recurre al fruto amargo
de lo que otros deciden
mientras el tiempo pasa
y pasan los desfiles
y se hacen otras cosas
que el norte no prohíbe
     con su esperanza dura
     el sur también existe

con sus predicadores
sus gases que envenenan
su escuela de chicago
sus dueños de la tierra

con sus trapos de lujo
y su pobre osamenta

sus defensas gastadas
sus gastos de defensa
    con su gesta invasora
    el norte es el que ordena

pero aquí abajo abajo
cada uno en su escondite
hay hombres y mujeres
que saben a qué asirse
aprovechando el sol
y también los eclipses
apartando lo inútil
y usando lo que sirve
    con su fe veterana
    el sur también existe

con su corno francés
y su academia sueca
su salsa americana
y sus llaves inglesas
con todos sus misiles
y sus enciclopedias
su guerra de galaxias
y su saña opulenta
    con todos sus laureles
    el norte es el que ordena

pero aquí abajo abajo
cerca de las raíces
es donde la memoria
ningún recuerdo omite

y hay quienes se desmueren
y hay quienes se desviven

y así entre todos logran
lo que era un imposible
        que todo el mundo sepa
        que el sur también existe

CURRÍCULUM

El cuento es muy sencillo
usted nace en su tiempo
contempla atribulado
el rojo azul del cielo
el pájaro que emigra
y el temerario insecto
que será pisoteado
por su zapato nuevo

usted sufre de veras
reclama por comida
y por deber ajeno
o acaso por rutina
llora limpio de culpas
benditas o malditas
hasta que llega el sueño
y lo descalifica

usted se transfigura
ama casi hasta el colmo
logra sentirse eterno
de tanto y tanto asombro
pero las esperanzas
no llegan al otoño
y el corazón profeta
se convierte en escombros
usted por fin aprende
y usa lo aprendido
para saber que el mundo
es como un laberinto
en sus momentos claves
infierno o paraíso

amor o desamparo
y siempre siempre un lío

usted madura y busca
las señas del presente
los ritos del pasado
y hasta el futuro en cierne
quizá se ha vuelto sabio
irremediablemente
y cuando nada falta
entonces usted muere

DE ÁRBOL A ÁRBOL

Seguro que los diarios
no lo preguntarán
los árboles ¿serán
acaso solidarios?

¿digamos el olivo de jaén
con el terco quebracho de entre ríos?
¿o el triste sauce de tacuarembó
con el castaño de campos elíseos?

¿qué se revelarán de árbol a árbol?
¿desde westfalia avisará la encina
al demacrado alerce del tirol
que administre mejor su trementina?

seguro que los diarios
no lo preguntarán
los árboles ¿serán
acaso solidarios?

¿se sentirá el ombú en su pampa húmeda
un hermano de la ceiba antillana?
¿los de ese bosque y los de aquel jardín
permutarán insectos y hojarasca?

¿se dirán copa a copa que aquel muérdago
otrora tan sagrado entre los galos
usaba chupadores de corteza
como el menos cordial de los parásitos?

seguro que los diarios
no lo preguntarán
los árboles ¿serán
acaso solidarios?

¿sabrán por fin los cedros libaneses
que su voraz y sádico enemigo
no es el ébano gris de camerún
ni el arrayán bastardo ni el morisco

ni la palma lineal de camagüey
sino las hachas de los leñadores
la sierra de las grandes madereras
el rayo como látigo en la noche?

HAGAMOS UN TRATO

Compañera usted sabe
puede contar conmigo
no hasta dos o hasta diez
sino contar conmigo

si alguna vez advierte
que a los ojos la miro
y una veta de amor
reconoce en los míos
no alerte sus fusiles
ni piense que deliro

a pesar de esa veta
de amor desprevenido
usted sabe que puede
contar conmigo

pero hagamos un trato
nada definitivo
yo quisiera contar
con usted   es tan lindo
saber que usted existe
uno se siente vivo

quiero decir contar
hasta dos hasta cinco
no ya para que acuda
presurosa en mi auxilio

sino para saber
y así quedar tranquilo
que usted sabe que puede
contar conmigo

TESTAMENTO DE MIÉRCOLES

Quiero aclarar que este testamento
no es el corriente colofón de vida
más bien se trata de un legado frágil
vigente sólo hacia el final de un día

digamos pues que lego para el jueves
las inquietudes que me puso el martes
cambiadas sólo un poco por los sueños
y esa tristeza que es inevitable

lego una nube de mosquitos y una
computadora que no tiene pilas
y hasta mi soledad con la esperanza
de que mis legatarios no la admitan

lego al jueves cuatro remordimientos
la lluvia que contemplo y no me moja
y el helecho ritual que me intimida
con la vieja elegancia de sus hojas

lego el crujido azul de mis bisagras
y una tajada de mi sombra leve
no toda porque un hombre sin su sombra
pierde el respeto de la buena gente

lego el pescuezo que he lavado como
para un jueves de horca o guillotina
y un talante que ignoro si es recato
o estupidez malsana o alegría

lego los arrabales de una idea
un tríptico de espejos que me hiere
el mar allá al alcance de la mano
la hiedra que abanica las paredes

y sólo ahora pienso que en mi árbol
en mis brumas sin rostro y en mi vino
me quedan por legar tantas historias
que alguna se me esconde en el olvido

así que por si acaso y por las dudas
y para no afligir a quien me herede
las dejo para otro testamento
digamos el del viernes

UNA MUJER DESNUDA
Y EN LO OSCURO

Una mujer desnuda y en lo oscuro
tiene una claridad que nos alumbra
de modo que si ocurre un desconsuelo
un apagón o una noche sin luna
es conveniente y hasta imprescindible
tener a mano una mujer desnuda

una mujer desnuda y en lo oscuro
genera un resplandor que da confianza
entonces dominguea el almanaque
vibran en su rincón las telarañas
y los ojos felices y felinos
miran y de mirar nunca se cansan

una mujer desnuda y en lo oscuro
es una vocación para las manos
para los labios es casi un destino
y para el corazón un despilfarro
una mujer desnuda es un enigma
y siempre es una fiesta descifrarlo

una mujer desnuda y en lo oscuro
genera una luz propia y nos enciende
el cielo raso se convierte en cielo
y es una gloria no ser inocente
una mujer querida o vislumbrada
desbarata por una vez la muerte

LOS FORMALES Y EL FRÍO

Mientras comían juntos y distantes y tensos
ella muy lentamente y él como ensimismado
hablaban con medida y doble parsimonia
de temas importantes y de algunos quebrantos

entonces como siempre o como casi siempre
el desvelo social condujo a la cultura
así que por la noche se fueron al teatro
sin tocarse un ojal ni siquiera una uña

su sonrisa   la de ella
era como una oferta un anuncio un esbozo
su mirada   la de él
iba tomando nota de cómo eran sus ojos

y como a la salida soplaba un aire frío
y unos dedos muy blancos indefensos y tristes
apenas asomaban por las sandalias de ella
no hubo más remedio que entrar en un boliche

y ya que el camarero se demoraba tanto
llegaron cautelosos hasta la confidencia
extra seca y sin hielo por favor   y fumaron
y entre el humo el amor era un rostro en la niebla

en sus labios   los de él
el silencio era espera   la noticia era el frío
en su casa   la de ella
halló café instantáneo y confianza y cobijo

una hora tan sólo de memoria y sondeos
hasta que sobrevino un silencio a dos voces

como cualquiera sabe en tales circunstancias
es arduo decir algo que realmente no sobre

el probó   sólo falta que me quede a dormir
y ella también probó   y por qué no te quedas
y él sin mirarla   no me lo digas dos veces
y ella en voz baja   bueno y por qué no te quedas

y sus labios   los de él
se quedaron gustosos a besar sin usura
sus pies fríos   los de ella
que eran sólo el comienzo de la noche desnuda

fueron investigando deshojando nombrando
proponiéndose metas   preguntando a los cuerpos
mientras la madrugada y los temas candentes
conciliaban el sueño que no durmieron ellos

quién hubiera previsto aquella tarde
que el amor ese célebre informal
se dedicara a ellos tan formales

HABANERA

Es preciso ponernos brevemente de acuerdo
aquí el buitre es un aura tiñosa y circulante
las olas humedecen los pies de las estatuas
y hay mulatas en todos los puntos cardinales

los autos van dejando tuercas en el camino
los jóvenes son jóvenes de un modo irrefutable
aquí el amor transita sabroso y subversivo
y hay mulatas en todos los puntos cardinales

nada de eso es exceso de ron o de delirio
quizá una borrachera de cielo y flamboyanes
lo cierto es que esta noche el carnaval arrolla
y hay mulatas en todos los puntos cardinales

es preciso ponernos brevemente de acuerdo
esta ciudad ignora y sabe lo que hace
cultiva el imposible y exporta los veranos
y hay mulatas en todos los puntos cardinales

aquí flota el orgullo como una garza invicta
nadie se queda fuera y todo el mundo es alguien
el sol identifica relajos y candores
y hay mulatas en todos los puntos cardinales

como si marx quisiera bailar el mozambique
o fueran abolidas todas las soledades
la noche es un sencillo complot contra la muerte
y hay mulatas en todos los puntos cardinales

VAS A PARIR FELICIDAD

Vas a parir felicidad
yo te lo anuncio tierra virgen
tras resecarte dividida
y no hallar nada que te alivie
como un abono inesperado
absorberás la sangre humilde

vas a parir felicidad
en un futuro que no existe
vas a parir felicidad
mientras en huertos imposibles
la limpia baba de dios padre
cae como un diluvio triste

vas a parir felicidad
yo te lo anuncio tierra virgen
después de hundirte surco a surco
y como vieja tumba abrirte
después de alzarte como un hongo
y deslumbrarnos como un cíclope

vas a parir felicidad
y no habrá almas disponibles
vas a parir felicidad
como una bendición horrible
y nadie habrá de recogerla
en un futuro que no existe

DEFENSA DE LA ALEGRÍA

Defender la alegría como una trinchera
defenderla del caos y de las pesadillas
de la ajada miseria y de los miserables
de las ausencias breves y las definitivas

defender la alegría como un atributo
defenderla del pasmo y de las anestesias
de los pocos neutrales y los de los muchos neutrones
de los graves diagnósticos y de las escopetas

defender la alegría como un estandarte
defenderla del rayo y la melancolía
de los males endémicos y de los académicos
del rufián caballero y del oportunista

defender la alegría como una certidumbre
defenderla a pesar de dios y de la muerte
de los parcos suicidas y de los homicidas
y del dolor de estar absurdamente alegres

defender la alegría como algo inevitable
defenderla del mar y las lágrimas tibias
de las buenas costumbres y de los apellidos
del azar y también
                                    también de la alegría

FINAL

PREGUNTAS AL AZAR (4)

¿Cuánto me queda?
¿siete? ¿diez? ¿quince setiembres?

¿le pregunto al azar
acaso porque sé
que el azar no responde?

y así y todo
el azar
¿es realmente un azar?

aún no he movido el rey
y la torre está quieta
o sea que hasta aquí
puedo enrocar mis riesgos

no instruí a mi reloj
para mañana
no hay por lo tanto garantía
de despertar a tiempo

por otra parte
sé proteger el sueño
con mis gastados párpados
de manera que puedo
arrimarme soñando

a esa espléndida nada
nada prometedora

la misma nada en que se despeñaron
mis hermanos de siempre
también los bienvenidos
que un día se malfueron

entre otros mi padre con su asfixia
y su postrer mirada
de candoroso pánico

¿qué diferencia podrá haber
ahí en tan hueco enigma
entre las vidas transparentes
y las compactas de asco
entre los tiernos pechos
de la hermosa lujuria
y los verdugos con medallas?
¿habrá acaso una sola y final
desolación?
¿cabrá algún jubileo?

en el gran agujero universal
¿se habrá acabado la noticia?
¿terminado el pronóstico?
¿borrada la memoria?
¿degollado el futuro?
la sobornable amnesia
del imposible dios
¿será infinita?

¿tal vez la única igualdad posible
entre yo mismo y la inminente
caravana de prójimos
será el no ser
el no existir?

¿nadie será ni más ni menos
inexistente que otros?
¿o por ventura o desventura
habrá tal vez un colmo
de oscura inexistencia?
¿una nada más nada
que las otras?

ante tan humillante incertidumbre
¿no sería mejor
confiar tan sólo en nuestras huellas
nuestro jadeo nuestro limo
en el amor que desentrañan
dos vértices de musgo
en los odios y mitos que inventamos
en las palabras como norias
en las palabras como sueños?

antes que el indecente
rasero igualitario
del no pensar
el no existir
no amar
no disfrutar
no padecer
¿no será preferible
la sideral distancia
que separa
lo justo de lo injusto?

francamente me asquea
la rara vecindad de mi no ser
con el canalla ahora inexistente
mi próximo no prójimo
en el amplio vacío

¿cuánto me queda?
¿siete? ¿diez? ¿quince setiembres?

¿y qué es después de todo
eso que espera?

¿la noche interminable?
¿un sol sin atenuantes ni crepúsculos?
¿la calima tediosa?
¿la noche? ¿alguna noche?
¿la noche como muro?

lo cierto es que no tengo
con respecto a esa noche sin murciélagos
ninguna expectativa o esperanza

¿o será que la muerte
no es realmente mi noche predilecta?

le pregunto al azar
al mudo
sordo
ciego

le pregunto al azar
le pregunto al azar
desalentadamente
le pregunto al azar
que no responde

¿estará mudo sordo ciego?

¿o
para nuestro escarnio
habrá muerto
el azar?

ÍNDICE

DESPISTES Y FRANQUEZAS (1989)

YESTERDAY Y MAÑANA (1987)

PREGUNTAS AL AZAR (1986)

BIBLIOTECA MARIO BENEDETTI
EN BOLSILLO

◆

Su obra al alcance de todos

Esta mañana y otros cuentos (1949)
Quién de nosotros (1953)
Poemas de la oficina (1956) / Poemas del hoyporhoy (1961)
Montevideanos (1959)
La tregua (1960)
Inventario Uno (1963)
Noción de patria (1963) / Próximo prójimo (1965)
Gracias por el fuego (1965)
La muerte y otras sorpresas (1968)
El cumpleaños de Juan Ángel (1971)
Poemas de otros (1974)
Con y sin nostalgia (1977)
La casa y el ladrillo (1977)
Cotidianas (1979)
Pedro y el capitán (1979)
Viento del exilio (1981)
Primavera con una esquina rota (1982)
Antología poética (1984)
Geografías (1984)
Preguntas al azar (1986)
Yesterday y mañana (1987)
Canciones del más acá (1988)
Despistes y franquezas (1989)
Las soledades de Babel (1991)
La borra del café (1992)
Perplejidades de fin de siglo (1993)
Inventario Dos (1994)
El amor, las mujeres y la vida (1995)
El olvido está lleno de memoria (1995)
Andamios (1996)
La vida ese paréntesis (1998)
Buzón de tiempo (1999)
Rincón de Haikus (1999)

Mario Benedetti
Antología poética

Editorial Sudamericana

Mario Benedetti
Cotidianas

Editorial Sudamericana

Mario Benedetti
Despistes
y franquezas

Editorial Sudamericana

Mario Benedetti
La casa y el ladrillo

Editorial Sudamericana

poemas

novelas

cuentos

teatro

Mario Benedetti

Las soledades
de Babel

BIBLIOTECA MARIO BENEDETTI

Editorial Sudamericana

Mario Benedetti

Noción de patria
Próximo prójimo

BIBLIOTECA MARIO BENEDETTI

Editorial Sudamericana

Mario Benedetti

Pedro y el capitán

BIBLIOTECA MARIO BENEDETTI

Editorial Sudamericana

Mario Benedetti

Poemas de la oficina
Poemas del hoyporhoy

BIBLIOTECA MARIO BENEDETTI

Editorial Sudamericana

Mario Benedetti

El amor, las mujeres
y la vida

BIBLIOTECA MARIO BENEDETTI

Editorial Sudamericana

Mario Benedetti

Perplejidades
de fin de siglo

BIBLIOTECA MARIO BENEDETTI

Editorial Sudamericana

Mario Benedetti

La tregua

BIBLIOTECA MARIO BENEDETTI

Editorial Sudamericana

Mario Benedetti

Rincón de Haikus

BIBLIOTECA MARIO BENEDETTI

Editorial Sudamericana

Mario Benedetti

Quién de nosotros

BIBLIOTECA MARIO BENEDETTI

Editorial Sudamericana

Mario Benedetti

Esta mañana
y otros cuentos

BIBLIOTECA MARIO BENEDETTI

Editorial Sudamericana

poemas

novelas

cuentos

teatro

Mario Benedetti
Yesterday y mañana
BIBLIOTECA MARIO BENEDETTI
Editorial Sudamericana

Mario Benedetti
Inventario dos
BIBLIOTECA MARIO BENEDETTI
Editorial Sudamericana

Mario Benedetti
Canciones
del más acá
BIBLIOTECA MARIO BENEDETTI
Editorial Sudamericana

Mario Benedetti
Con y sin nostalgia
BIBLIOTECA MARIO BENEDETTI
Editorial Sudamericana

Esta edición de 3.000 ejemplares
se terminó de imprimir el mes
de diciembre de 2000 en
Litografía Rosés, S. A. Gavà (Barcelona)